당신은 세상에서 가장 소중한 사람입니다.

사랑하는 _____ 에게

....

....

....

드림

설교에 맛을 내는 예화8 신앙

초판 1쇄 인쇄 | 2010년 9월 30일
초판 1쇄 발행 | 2010년 9월 30일

지은이 | 한치호 · 출판기획팀
교 정 | 최화숙
편 집 | 최영규
펴낸이 | 정신일
펴낸곳 | 크리스천리더
주 소 | 부천시 원미구 중동 667-16 (2층)
연락처 | ☎ (032)342-1979 fax.(032)343-3567
홈페이지 | www.cjesus.co.kr
총 판 | 생명의 말씀사 (02)3159-8211
등 록 | 제2-2727호(1999. 9. 30.)
ISBN 978-89-93273-87-8 04230
ISBN 978-89-93273-63-2 (세트)

값 5,800원

저자와의 협약 아래 인지는 생략되었습니다.
이 출판물은 저작권법에 의해 보호를 받는 저작물이므로
무단전재와 무단복제를 할 수 없습니다.

■ 잘못된 책은 구입하신 곳에서 바꾸어 드립니다.

설교에 맛을 내는 예화 8

Preaching with good Story

[신앙]

CLS 크리스천리더

추천사

설교에 맛을 내는 예화

　목회자가 하나님의 말씀을 쉽게 전달하기 위해서는 참신하고 호소력 있는 예화들이 필요하다.

　그러나 우리는 예화 자료를 얻기가 쉽지 않다. 설교를 준비해 본 사람이면 예화자료의 부족으로 한 두 번쯤은 고민해 본 경험을 갖고 있을 것이다.

　본인과 늘 가까이 대하는 좋은 후배로서, 언제나 동역자로 함께 지내오고 있는 한치호 목사가 설교자들을 돕기 위하여 하나님의 말씀 전파를 돕는 예화를 엮는다는 소식을 접하였을 때 흐뭇하였다.

　사실, 우리는 기독교 서점에 나가보면 이런 저런 형태의 예화집들을 쉽게 대하게 된다. 그럼에도 이 예화집에 기대를 거는 것은 주제별로 예화를 묶는 것에 있다.

　한가지 소재를 가지고 설교 원고를 작성했을지라도 그 주제에 꼭 알맞은 예화를 선택하는 데는 시간을 필요로 한다. 그런데 동일한 주제에 맞는 예화들을 1백편 이상 추려서 한 권의 책으로 엮는다니 얼마나 좋은 아이디어인가!

우리는 예수님께서 천국복음을 전파하실 때, 아주 적절하게 예화를 사용하셨음을 알고 있다.

본문을 풍성하게 해주는 적절하고 은혜로운 예화의 사용은 성도들에게 설교의 성패를 좌우할 수 있다.

설교에 있어서 예화의 사용은 설교의 문을 여는 역할을 하며 윤활유와 같다. 교회를 담임하고 평생을 설교를 해온 본인의 경험으로는 하나님의 말씀을 듣기 전에 대하게 되는 예화가 강단에 끼치는 영향은 매우 크다고 할 수 있다.

우선, 성도들이 설교를 이해하는데 도움을 주고, 둘째로 설교의 내용을 오래 기억하게 하며, 셋째는 설교를 되새길 수 있는 여유를 주는 까닭에 설교에 있어서 없어서는 안 되는 요소라 하겠다.

목회자들의 강단과 성도들의 은혜를 고려한 예화를 엮는 작업에 있어서 한치호 목사는 부족함 없는 사람이다.

그는 지금까지의 삶을 하나님의 종으로서 훌륭한 모습을 보여 왔기에, 그의 인품을 보아 좋은 책을 엮어 내리라고 기대하며, 즐거운 마음으로 추천한다.

2009년 12월
이충선 목사(경기노회 전노회장, 예장합동)

차 례

추천사_이충선 목사
들어가는 글_신앙의 삶

1. 무엇을 하든지

1. 자녀에게 신앙전수를_18
2. 미켈란젤로의 스승 이야기_20
3. 매력있는 그리스도인_22
4. 그리스도인을 죽이는 마음의 부패_24
5. 나를 변화시키는 기도_26
6. 내가 산 것이 아니요_28
7. 돌아가지 못한 철새_30
8. 라이스 크리스천(rice Christian) _32
9. 마땅한 권리를 포기한 성도 _34
10. 변화의 법칙_36
11. 샤머니즘적 신앙_38
12. 설교는 곧 삶_40
13. 위선적 신앙생활의 결과_42
14. 세상 부요의 허무함_44
15. 수전절의 유래_46
16. 순교자의 자손들_48
17. 신분에 맞는 삶_50

18. 신앙의 명가_52
19. 신앙의 후손_54
20. 신앙인의 재산 목록_56
21. 실패에서도 희망을 갖게 한 성경_58
22. 아빠 마음은 달라_60
23. 오직 그리스도뿐_62
24. 우울한 잔치_64
25. 전도지 같은 돈_66

2. 하나님의 뜻을 행하는 자

1. 존경받는 목사상_70
2. 주님 한 분만으로 나는 만족해_72
3. 진리를 찾는 사람들_74
4. 진정한 승리_76
5. 영권 있는 무릎인의 자세_78
6. 크리소스톰을 어쩌랴_80
7. 포로들이 소망을 갖다_82
8. 피난처인 예수님_84
9. 하나님 앞에서_86
10. 하나님께 영광 돌린 무신론 철학자_88
11. 하늘을 우러러 한 점 부끄럼이 없는 삶_90
12. 환상을 좇는 어리석은 자_92
13. 흔들리지 않는 신앙_94
14. 평신도 신앙성숙 비결 "이색주장"_96
15. 겉보기와 다르다_98

16. 그릇된 적용_100
17. 진리를 무시한 군중심리_102
18. 참된 신앙_104
19. 신앙의 선택은 영원을 좌우 한다_106
20. 전력투구하는 신앙_108
21. 오직 하나님의 영광을 위해_110
22. 백화점 왕 존 워너 메이커_112
23. 벤자민 프랭클린의 13가지 덕목_114
24. 일본인의 신앙관_116
25. 신앙이 병들어 갈 때_118

3. 신앙의 가치

1. "최후의 만찬"의 진실_122
2. 신앙만 있다면_124
3. 고집쟁이 신앙인_126
4. 예수 그리스도가 없는 사람_128
5. 공짜 신앙생활_130
6. 신앙의 균형_132
7. 인생열쇠 신앙_134
8. 안식일을 잘 지킨 위대한 신앙인물_136
9. 신앙으로 성공한 벽돌공의 아들_138
10. 신앙의 반지_140
11. 마인드 세트와 신앙인_142
12. 신앙인격 지키기_144
13. 신앙의 진품명품_146

14. 김일성과 김정일의 기독교 경험_148
15. 신앙 점검_150
16. 축복받은 신앙인의 공통점_152
17. 신앙의 가치_154
18. 행동하는 신앙_156
19. 이것이 나의 신앙입니다_158
20. 긍정적 신앙_160
21. 미쉬나_162
22. 톰의 부활 신앙_164
23. 호두과자 할머니_166
23. 거울 속에 죽은 나_168
25. 살아 계신 주_170

4. 인생을 의지하지 말라

1. 토마스가 그리워지는 시대_174
2. 사공을 믿으라_176
3. 초지일관_178
4. 믿을 수 없는 세 가지 의문_180
5. 악에서 핀 신앙의 싹_182
6. 경건의 연습_184
7. 무엇으로 채워져 있는가?_186
8. 의미를 놓친 경건_188

9. 신을 고치는 노인의 하루_190
10. 경건신앙의 중요성_192
11. 신앙부흥의 선행조건_194
12. 세상에서 버린 인간_196
13. 불신자들의 최후_198
14. 승리하는 신앙_200
15. 주일성수와 삶_202
16. 신앙에 대한 명언_204
17. 나는 하나님을 믿는다_206
18. 뚜껑 없는 감옥_208
19. 영국이 위대해진 비결_210
20. 변화된 삶_212
21. 어느 목수의 십자가_214
22. 신앙_216
23. 감격의 신앙_218
24. 신앙의 전기_220
25. 참 그리스도인의 삶_222

신앙은 지식보다 깊다
지식은 우리의 두뇌로 흡수되고
또 두뇌 안에 머문다.

신앙의 깨달음이 일어날 때에는
모든 지체가 떨리고 움직이며
온몸이 소용돌이 속에 휘말린다.

과학적인 지식을 습득하였다고 하여
인격이 변화하지 않는다.

지식은 지식이고 자아는 여전히 자아이다.
그러나 지금 여기 압도적으로 임재하시는
하나님을 체험할 때에

그 인간의 자아는 하나의 올가미가 되고 만다.

〈아브라함 요수아 헷셀〉

설교에 맛을 내는 예화 8-신앙

신앙의 삶

어느 목사님이 새신자를 심방하기 위해 산동네에 가셨다. 주소가 적힌 쪽지를 들고는 집을 찾는데 새신자 집 찾기가 여간 힘든 일이 아니었다. 동네를 몇 바퀴 돌다가 결국은 찾지 못하고 하는 수 없이 복덕방에 찾아가 복덕방에 앉아 있는 할아버지에게 주소를 내밀고는 도움을 청했다.

할아버지는 주소를 보시고는 찾기 쉬운 곳이라 말씀하시고는 이렇게 저렇게 가면 된다고 일러주셨다.

한 두 마디 대화를 하다가 할아버지와 친해 진 목사님은 직업병이 발동해서 할아버지에게 물었다.

"할아버지, 혹시 예수 믿으세요?"

"아니, 나 예수 같은 거 잘 몰라!"

"그럼 할아버지 천국은 가고 싶으세요?"

"아이, 천국 가기 싫은 사람 어디 있나. 물론 가고 싶지!"

"할아버지, 제가 천국 가는 길을 알려 드릴까요?"

여기까지는 좋았는데, 그때 할아버지가 이렇게 대답했다.

"이봐요 젊은 양반, 적혀 있는 주소 갖고도 집 못 찾는 사람이 천국은 어떻게 찾아 가! 집이나 잘 찾아요!"

썰렁한 이야기이지만, 신앙인의 사회적 권위가 형편없음을 나타내는 이야기가 아닐 수 없다.

교회의 사회적 역할과 신앙인의 사회적 역할은 무엇일까? 아마 신앙생활을 하면서 이 문제에 대하여 한 번 쯤 고민해 보지 않은 신앙인들은 없을 것이다.

가짜와 진짜는 '삶'으로 구분된다. 열매를 보면 그 나무를 알 수 있듯이, 삶을 보면 그 사람을 알 수 있다. 아무리 예언을 하고, 치유를 행할지라도 하나님의 말씀대로 살아가지 않으면 그것은 가짜라고 말씀하신다. 반복적으로 강조하고 계신다.

이론이 실제를 대신하게 해서는 안 된다. 하나님 나라 백성의 삶을 살아가야 한다. 우리 모두에게는 삶이 있다. 그리고 그 삶은 우리가 진짜인지 가짜인지를 구분해 준다. 우리의 삶을 스스로 돌아보며, 잘못된 것이 있다면 하나님께로 방향을 조정할 수 있어야 한다.

세상의 소금과 빛

우리의 신분은 세상의 빛이며 소금이다. 그런데 이 신분을 잃으면 밖에 버려 밟힌다고 성경은 기록하고 있다. 우리의 존재의 이유, 기능을 잃으면 우리는 쓸모가 없게 되어버린다. 소금은 썩으면 전혀 쓸모가 없다. 이 말의 엄중함을 우리는 깨달아야 한다. 그냥 흘려버릴 말씀이 아니다. 소금은 하나님 나라의 백성이 하나님 나라의 삶을 살지 않게 될 때 썩게 된다. 하나님 나라의 백성들이 말씀을 떠난 삶을 살아갈 때 우리는 전혀 세상을 향해 영향력을 끼칠 수 없다. 전혀 쓸모가 없다.

우리를 부르신 하나님의 부르심에 응답하기 위해 우리는 우리의 삶의 방향을 조절하고, 준비 과정에 있는 어려움과 고난을 감수해야 하는 것이다. 우리 모두는 부르심이 있는 사람들이다. 세상의 빛과 소금으로의 부르심이다.

그런데 오늘날 너무나 많은 사람들이 자신의 신분을 망각하며 살아가고, 자신의 부르심을 잊고 살아간다. 우리가 왜 이 땅에 존재하는지를 망각하고 있다. 그럴 때에 우리의 인생은 너무나 건조하고 무가치하게 된다. 우리는 모두 하나님 나라의 복음을 위한 존재로 부름을 받았다. 이 부르심에 대해 확신을 갖고, 이 부르심이 응답하기 위해 우리는 기꺼이 우리의 자리나, 우리의 삶의 방식을 조정할 수 있어야 한다. 부르심에 맞추어 삶이 조정되어야 한다.

모세 또한 하나님의 부르심에 그의 직업과 그의 안정된 삶을 내려놓고, 그의 삶이 전적으로 조정했다. 그것은 미래가 불안정한 길이었으며, 가족 모두의 목숨을 건 결정이었으며, 사람의 눈으로는 가당치도 않은 일이었다. 그러나 모세가 하나님의 부르심에 순종했을 때 하나님은 구체적으로 말씀하기 시작하셨다.

 소금이 그 맛을 잃으면 쓸모가 없다고 했다. 우리는 세상의 소금으로 부름 받은 존재들이다. 말씀대로 우리의 삶을 살아가며 그것을 세상에 나누고 전해야 한다. 우리의 삶이 진정 말씀과 일치될 때 그것은 하나님께 영광을 돌리는 일이며, 이 세상에서 소금으로서의 역할을 온전히 감당하게 될 것이다. 하나님의 부르심에 응답하기 위해 매일 매일의 삶 속에서 하나님의 음성에 민감하게 반응하고 순종할 수 있기를 바란다. 하나님만이 우리 삶의 이유이시며, 목적이시고, 전부가 되신다.

01
무엇을 하든지

그런즉 너희가 먹든지 마시든지 무엇을 하든지 다 하나님의 영광을 위하여 하라(고전 10:31).

01 | 자녀에게 신앙전수를

미국의 개척 시대를 살았던 제임스라는 이름의 설교자에 대한 이야기다. 어느 날 그가 길 잃은 개 한 마리를 집에 데리고 왔는데, 두 아들이 그 개를 무척이나 좋아했다.

그 개는 아주 검었지만, 꼬리 부분에 하얀 털 세 개를 가지고 있었다. 어느 날 신문에서 잃어버린 개를 찾는 광고를 보았는데, 개에 대한 설명이 자기가 데려온 개와 똑같았다. 꼬리에 난 세 개의 하얀 털까지도.

그 설교자는 두 아들의 도움을 받아 세 개의 하얀 털을 조심스럽게 뽑아냈다.

한편 비슷한 개가 그 설교자의 농장에 있다는 말을 들은 개 주인이 그곳으로 왔다. 개는 주인을 보자 꼬리를 치며 반가워했다. 개 주인은 개를 데려가려고 했지만, 그 설교자는 두 아들을 위해 그 개를 보내지 않으려 했다.

그래서 설교자는 "아니, 당신의 개의 꼬리에는 하얀 털이 세 개 있다고 하지 않았나요?"라고 물었다. 자신의 개가 분명했지만 하얀 털을 발견할 수 없었던 개 주인은 마지못해 떠날 수밖에 없었다.

훗날 그 설교자는 다음과 같은 말을 했다. "나는 개는 가졌으나 두 아들을 잃었다."

그 두 아들의 이름은 프랑크 제임스와 제이시 제임스였는데, 당시 미국의 유명한 악당들이었다.

하나님을 아는 모든 것은 열매로 나타나야 한다. 하나님을 아는 지식 따로, 삶 따로의 영성은 지극히 위험하다. 삶으로 영성이 나타나지 않으면 나도 망치고 자식까지 망칠 수 있다.

 예화와 관련된 말씀

여호와를 경외하는 자에게는 견고한 의뢰가 있나니 그 자녀들에게 피난처가 있으리라(잠 14:26).

네 모든 자녀는 여호와의 교훈을 받을 것이니 네 자녀에게는 큰 평안이 있을 것이며(사 53:13).

02 | 미켈란젤로의 스승 이야기

대부분의 사람들은 미켈란젤로의 이름은 모두 기억하고 있지만, 보톨도라는 이름을 기억하는 사람은 그리 많지 않다. 보톨도 지오바니는 유명한 미켈란젤로의 스승이다. 미켈란젤로가 14살이 되었을 때, 미켈란젤로는 보톨도의 문하생이 되기 위해서 그를 찾아왔다. 그때 그는 스승으로서 미켈란젤로를 테스트 해 보았다. 그의 놀라운 재능을 본 보톨도는 그에게 이렇게 물었다.

"너는 위대한 조각가가 되고 싶으냐?"

"네, 그렇습니다. 스승님."

"그렇다면 넌 위대한 조각가가 되기 위해서 무엇이 필요하다고 생각하느냐?"

"전 제가 가지고 있는 재능과 기술을 더 닦아야 한다고 생각합니다."

"네 기술만으로는 안 된다. 너는 네 기술로써 무엇을 위하여 쓸 것인가? 먼저 분명한 결정을 해야 된다."

그리고 자기의 문하생이 된 그 날, 그에게 두 군데를 구경시켜 주었다. 처음으로 구경시켜준 곳은 바로 술집이다.

"스승님, 술집 입구에 아름다운 조각이 있어요."

"이 조각은 아름답지만 조각가는 술집을 위해서 이 조각을 사용했단다."

이 스승은 다시 어린 미켈란젤로의 손을 잡고서 아주 거대한 성당으로 갔다. 그리고 성당의 입구에 세워진 아름다운 조각상을 보여주었다.

"너는 이 아름다운 천사의 조각상이 마음에 드느냐, 아니면 저 술집 입구에 있는 조각상이 마음에 드느냐? 똑같은 조각이지만 하나는 하나님의 영광을 위해서 쓰여 졌고, 또 하나는 술 마시는 흥행과 쾌락을 위해서 세워졌단다. 너는 네 기술과 재능을 무엇을 위하여 쓰기를 원하느냐?"

스승의 물음에 어린 미켈란젤로는 세 번씩 대답했다고 한다. 우리는 지금 우리가 가지고 있는 몸, 시간, 기회 등을 무엇을 위해서 쓰고 있는가?

 예화와 관련된 말씀

값으로 산 것이 되었으니 그런즉 너희 몸으로 하나님께 영광을 돌리라(고전 6:20).

03 | 매력있는 그리스도인

 인도에 선교사로 간 맥스웰이라고 하는 분은 그곳 언어를 습득하는 데에 대단한 어려움을 겪고 있었다. 별나게도 인도는 마을마다 언어가 달라서 새로운 마을에 들어갈 때마다 새롭게 언어를 습득해야만 된다.

 한번은 어느 마을에 들어가 힌두교인 한 사람을 붙들고 말 좀 가르쳐달라고 간청했다.

 "돈은 얼마든지 줄테니 내게 와서 말을 가르쳐주시오."

 예수를 믿든 안 믿든 상관하지 않을 테니 말만 가르쳐달라고 했다. 그런데 이 힌두교인이 거절을 하는 것이다. 그리고 하는 말이 걸작이다.

 "당신하고 함께 있어 그리스도인으로 되지 않은 사람이 없습니다. 그래서 싫습니다."

 이 얼마나 아름다운 이야기인가?

 이 사람하고 만나면 누구나 기독교인이 된다. 이 사람하고 말을 하면 누구나 같아지고 싶은 마음이 생긴다.

 "내가 이 집에 들어와 20년을 살았는데도 아직 나 닮은 사람이 하나도 없다. 나를 좋아하는 사람이 하나도 없어!"

이렇게 되면 보통 문제가 아니다. 내가 기독교인으로 어디 가서 머물든지 모든 사람이 나와 같기를 바라고, 나와 같아지려고 하는 마음을 불러일으키는 매력적인 기독교인이 되어야 한다.

 "저런 사람이 교인이라니, 나는 그런 종교 안 믿겠다."라고 하는 반응을 불러일으킨다면 참으로 볼품없는 기독교인이라 하겠다.

 예화와 관련된 말씀

만일 너희가 믿음에 거하고 터 위에 굳게 서서 너희 들은 바 복음의 소망에서 흔들리지 아니하면 그리하리라 이 복음은 천하 만민에게 전파된 바요 나 바울은 이 복음의 일꾼이 되었노라(골 1:23).

하나님이여 내 속에 정한 마음을 창조하시고 내 안에 정직한 영을 새롭게 하소서(시 51:10).

04 | 그리스도인을 죽이는 마음의 부패

옛날 로마의 황제는 그리스도인이 자꾸 늘어나는 것에 대하여 큰 위협을 느껴 신하들을 불러 놓고 그리스도인들을 없앨 방법을 논의했다.

황제가 먼저 로마의 법률을 강화시켜 그리스도인들을 무조건 죽이는 법을 만들자고 제의했다. 그랬더니 한 신하가 황제의 의견에 반대하였다. 그 이유는 믿는 자들을 죽여 순교자로 만들면 그리스도인들이 더욱 순교자들을 추앙하기 때문에 역효과가 난다는 것이었다. 그 신하는 황제의 방법보다는 예수 믿는 사람들을 찾아내어 죽이지는 말고 잔인하게 고문을 하는 것이 어떻겠느냐고 대안을 내놓았다.

그러자 다른 신하가 "저 예수쟁이들은 심한 고문을 받기만 하면 예수의 십자가 고난에 동참한다고 좋아합니다. 또 고난을 받으면 받을수록 하늘의 상급이 더 많아진다고 기뻐하며 오히려 고문의 흔적을 자랑하고 다닙니다. 그 방법으로는 그리스도인들을 없앨 수 없습니다."라며 반대했다.

이때 구석에 있던 한 신하가 조용하게 의견을 내놓았다.

"그리스도인들이 편안하게 즐기고 놀 수 있도록 환경을

만들어 놓으면 간단합니다. 그들은 그런 환경 속에서 죄를 지을 것이고, 그러면 기독교는 있어도 힘을 발휘하지 못할 것입니다."

그리스도인을 없애는 가장 무서운 요인은 외부의 박해가 아니라 내부의 부패이다. 우리는 마지막 때에 주님이 기대하는 거룩함을 지니는 사람들이 되어야 한다.

 예화와 관련된 말씀

뱀이 그 간계로 하와를 미혹한 것 같이 너희 마음이 그리스도를 향하는 진실함과 깨끗함에서 떠나 부패할까 두려워하노라 (고후 11:3).

05 | 나를 변화시키는 기도

교회 안에서 생활하다보면 때때로 인간관계의 위기를 경험하게 된다. 예전에 저의 속을 썩이던 집사님 한 분이 계셨다. 마음이 너무 불편하고 아파서 그 분을 위해 30일 작정기도를 시작하였다. 새벽 기도를 그렇게 싫어하던 내가 매일 새벽에 나와서 그 집사님을 위해서 30일 동안을 작정하고 기도했다.

나는 하나님께 그 집사님의 마음을 좀 바꾸어 달라고 기도했다. 그리고 나서는 하나님의 응답을 기다리며 매 주일마다 집사님이 어떻게 변하는가를 주시해서 보았다.

그런데 여전히 그 집사님은 험상궂은 얼굴 그대로이고 나를 향한 태도에 조금도 변화가 없었다.

그래도 그 기도를 계속했다. 그런데 한 3주간쯤 지나서 보니 나의 기도 내용이 갑자기 변했다는 사실을 발견할 수 있었다. 내가 의도하지도 않았는데 기도하다보니 어느새 내 마음에 이런 기도가 나오고 있었다.

"하나님, 그 집사님을 사랑하지 못했던 저를 용서해 주십시오."

어느 날 새벽 저는 울면서 이렇게 기도하고 있었다.

"하나님, 나를 변화시켜 주십시오. 제가 잘못했습니다."

그 후 주일에 그 분을 보니 그렇게 달라져 있을 수가 없었다. 누가 달라졌는지는 모르지만 아무튼 달려졌다.

 예화와 관련된 말씀

> 너희를 저주하는 자를 위하여 축복하며 너희를 모욕하는 자를 위하여 기도하라(눅 6:28).
>
> 그런즉 너희가 먹든지 마시든지 무엇을 하든지 다 하나님의 영광을 위하여 하라(고전 10:31).

06 | 내가 산 것이 아니요

우리나라 기독교 교회사에 보면 이런 이야기가 있다. 한국 초대교회 선교사였던 모펫(S.A.Moffett)가 한국에서 선교사역을 모두 마치고 고국인 미국으로 돌아가게 되었을 때의 일이다. 한국 교회의 지도자들은 그를 위해서 비석과 동상을 세우자는 의견을 나누었다.

한국 기독교에 공로한 그의 업적을 아는 많은 사람들이 우상의 개념이 아니라 기념의 차원에서 비를 세우는 데 동의했다. 이때 유명한 최권능 목사가 그 자리에서 일어나서 이렇게 말했다.

"저는 누구보다도 모펫 선교사님을 존경합니다. 그는 한국 교회의 은인이자 내 신앙의 선배이십니다. 나는 진심으로 그 분을 존경합니다. 그러나 여러분이 그분의 동상을 세우신다면 나는 도끼로 그 동상을 때려 부술 것입니다. 여러분들은 세우십시오. 또 다시 나는 부술 것입니다."

결국 이와 같은 최권능 목사의 충정을 이해하신 모펫 박사의 간절한 만류로 기념관만을 세우기로 결정되었다고 교회사에 남아있다.

칼빈도 자신이 죽은 후에 자기의 비석을 세우지 말라고 사람들에게 당부하였다. 그것은 자기 때문에 그리스도가 가려질까 두려워한 이유 때문이다.

 예화와 관련된 말씀

내가 그리스도와 함께 십자가에 못 박혔나니 그런즉 이제는 내가 사는 것이 아니요 오직 내 안에 그리스도께서 사시는 것이라 이제 내가 육체 가운데 사는 것은 나를 사랑하사 나를 위하여 자기 자신을 버리신 하나님의 아들을 믿는 믿음 안에서 사는 것이라(갈 2:20).

07 | 돌아가지 못한 철새

철새가 이동하는 계절에 생각나는 우화가 있다. 어떤 철새가 하늘을 날다가 내려다보니 아래에 많은 먹이가 널려있는 것이 눈에 띄었다. 그 철새는 배고픔을 못 이겨 그 먹이가 있는 장소로 내려가 실컷 주워 먹었다. 먹이에 정신이 팔려 결국 그 새는 그곳에 눌러앉고 만다.

다시 1년이 지나자 동료철새들이 날아가는 것이 보였다. 이 철새는 이제는 자기도 합세해 보려고 날려고 했으나 너무 살이 많이 쪄서 날아갈 수가 없었다.

그 철새는 "에라, 모르겠다."하고 다시 주저앉아 먹이를 주워 먹으며 지냈다.

또 다시 1년이 지나 동료 철새들이 고향으로 날아가는 소리가 들렸다. 그는 다시 시도해 보았으나 전번의 반도 못 오르고 주저앉았다.

이렇게 하여 겨울을 세 번 씩이나 보내게 되었을 때, 철새는 몸이 너무 비대해 져서 고향으로 날아갈 꿈을 영원히 포기할 수밖에 없게 되어 혼자 외로이 살다가 쓸쓸히 죽어갔다.

기독교인들은 본향인 하늘나라를 향하여 날아가게 된다. 그때, 돈의 비곗살, 재물의 비곗살, 명예의 비곗살, 권력의 비곗살, 학식의 비곗살 등 세상의 것으로 너무 비대해져 있다면 어떻게 천국을 향하여 날아갈 수 있겠는가?

운동을 하여 비곗살을 빼듯 우리의 신앙을 점검하여 비곗살을 신앙의 날개로 승화시켜야 하겠다.

 예화와 관련된 말씀

손에 키를 들고 자기의 타작 마당을 정하게 하사 알곡은 모아 곳간에 들이고 쭉정이는 꺼지지 않는 불에 태우시리라(눅 3:17).

08 | 라이스 크리스천(Rice Christian)

과거 6.25사변 직후에는 한국 교회가 외국으로부터 원조 물자를 많이 받았었다. 그렇기 때문에 그 당시 생활이 어려웠던 사람들은 그것을 받기 위해 교회에 많이 나왔다.

이 모습을 본 옛날 선교사님들은 한국 사람들을 가만히 보니까 교회 나오는 것이 순수한 동기가 아니고 쌀(rice)을 얻기 위해서임을 알게 되었다. 그래서 과거에 선교사들이 한국 교인들을 뭐라고 불렀나 하면 라이스 크리스천(rice Christian)이라고 불렀다.

지금은 우리가 그런 지경은 아니지만 아직도 그런 동기를 가지고 예수 믿는 사람들이 있다. 이들은 예수 믿으면 축복받는다고 해서 물질적인 축복에만 눈이 어두워 신앙의 유일한 동기가 물질의 축복이 되어 있는 사람들이다.

물론 예수 믿으면 축복을 받지만 그것이 예수를 믿는 이유는 아니다. 만약 물질의 축복 때문에 예수 믿었다면 이런 사람은 신앙 생활하다가도 물질적 축복이 오지 않으면 언제든지 주님을 버리고 떠나갈 사람이다.

우리에게는 보다 위대한 꿈이 있다. 천지를 창조하신 하나님을 나의 아버지로 삼고 하나님의 뜻을 이루는 도구로 내 인생이 쓰임을 받을 수 있다는 더 높은 프라이드와 더 높은 기쁨 때문에 인생을 사는 사람들이 되어야 한다.

 예화와 관련된 말씀

세상의 염려와 재물의 유혹과 기타 욕심이 들어와 말씀을 막아 결실하지 못하게 되는 자요(막 4:19).

09 | 마땅한 권리를 포기한 성도

중국의 유명한 성도인 윗치만 니(Wachman Nee)가 간증한 내용이다.

어떤 마을에 예수를 믿는 한 성도가 살았는데 그의 논에는 항상 물이 풍족하게 고여 있었다. 그런데 마침 심한 가뭄이 찾아왔다. 하지만 이상하게도 하루 밤새에 자기의 논에 고여 있던 물이 다 빠져나가고 없는 것이다. 알고보니 바로 옆에 있던 이웃집에서 자기 논의 물을 밤새 빼내어 간 것이다. 그 성도는 그 물이 자신의 논에 물이었기에 자기 물이라고 주장할 권리가 있었다. 그래서 그는 이튿날 아침, 이웃을 찾아가 따졌다.

"왜 당신은 나의 논에 고여 있던 내 물을 다 빼내어 갔습니까?"

그의 주장에 변명할 여지가 없었던 이웃은 못내 사과를 하며 빼내어 갔던 물을 다시 돌려주었다. 그런데 이튿날, 논에 나가보니 물은 또 다 빠져나가 버리고 없었다. 그래서 그는 이웃을 다시 찾아갔고, 이러한 일이 몇 번씩이나 되풀이 되었다.

그런데 이상하게도 이 성도는 자신의 마땅한 권리를 주장하여 물을 찾아왔는데도 마음이 도대체 편하지 않았다. 그래서 하나님께 기도하기 시작했다.

"주님! 제가 정당한 일을 하는데 왜 저의 마음에는 평안이 없습니까?"

그의 기도에 주님께서는 이렇게 응답하셨다.

"나는 네가 정당한 일보다 더 위대한 일을 하길 바란다."

"하나님! 그렇다면 도대체 정당한 일보다 더 위대한 일이란 무엇입니까?"

"내가 너희에게 베푼 것처럼 너도 그 사람을 대하여라."

주님의 음성을 들었지만 그는 이해가 잘되지 않아 많은 생각을 했다. 그리고 그날 밤 그는 위대한 결단을 내렸다. 이튿날 새벽 일찍 나가서 이웃사람의 논에 물을 넣어준 것이었다. 그러자 그의 마음에는 놀라운 기쁨과 평안이 다시 샘솟기 시작했다.

 예화와 관련된 말씀

우리에게 권리가 없는 것이 아니요 오직 스스로 너희에게 본을 보여 우리를 본받게 하려 함이니라(살후 3:9).

10 | 변화의 법칙

 우리가 생각하는 모든 생산의 80%는 20%의 사람을 통해서 생산되고, 우리가 소비하는 80%의 소비는 20%의 사람들이 소비한다는 법칙이다. 이것을 경영학에서는 '80대 20법칙'이라고 한다.

 일본의 어느 학자가 근면과 성실의 상징인 개미를 가지고 연구를 했다. 그러나 이 학자가 개미를 자세히 연구해 보니 실제로는 개미 가운데 열심히 일하는 개미는 20%에 불과했다고 한다. 그러니까 결국 80%의 대부분의 개미 열심히 일하는 20%의 개미만이 먹여 살린다는 얘기이다.

 이 이야기를 보면서 오늘 한국 사회에서 그리스도인이 차지하는 인구 비율 중에 20%를 차지하는 우리 그리스도인들이 그리스도인답게 살고, 하나님의 백성답게 살기를 추구하며 주님의 바람처럼 소금과 빛으로 살아간다면 우리의 사회와 역사는 매우 달라질 것이다.

 20%가 아니라 10%만이라도 정말 살아 계시고 전능하신 하나님을 신뢰하고 그 분의 말씀을 삶의 원리와 지침으로 여기고 살아간다면 우리나라 사회, 문화, 경제, 역사 모두가

새롭게 변화될 것이다.

100여년 전 이탈리아 경제학자인 빌프레도 파레토는 20%의 사람들이 전체 부의 80%를 소유한다는 사실을 발견하고 이를 다양한 사회 현상에 적용해 본 결과 20:80의 불평등 법칙이 존재하고 있음을 발견했다.

 예화와 관련된 말씀

너희는 세상의 소금이니 소금이 만일 그 맛을 잃으면 무엇으로 짜게 하리요 후에는 아무 쓸 데 없어 다만 밖에 버려져 사람에게 밟힐 뿐이니라(마 5:13).

이같이 너희 빛이 사람 앞에 비치게 하여 그들로 너희 착한 행실을 보고 하늘에 계신 너희 아버지께 영광을 돌리게 하라(마 5:16)

11 | 샤머니즘적 신앙

어떤 어머니가 5살 난 딸을 데리고 점쟁이에게 갔더니 그 아이는 43살에 죽는다고 했다. 이 같은 암시를 받은 딸아이는 죽을 이유가 없는데 그 나이에 수술을 받다가 43살을 넘기지 못하고 죽고 말았다.

나중에 알아보니까 5살때 점쟁이 이야기를 그대로 믿어왔기 때문에 죽었다고 한다.

록 뮤직의 스타인 엘비스 프레슬리(Elvis Presly)가 43살에 죽었다. 그런데 그는 어머니가 43살에 죽을 것을 늘 생각하다가 결국에는 죽을 병이 아닌데 그도 43살에 죽고 말았다.

어떤 사람은 미신적인 것에 매여서 인생을 두려움 속에 떨면서 살아가는 사람이 있다. 음력 설날이 되면 사람들은 무슨 화가 자신에게 미치지 않을까하여 점을 치기도 하고 부적을 사서 문지방에 부치기도 한다.

이런 사람은 감정적으로 불안정한 사람이요, 신앙이 확고하지 못한 사람이다. 진리의 말씀에 바로 서지 못한 사람이다.

어떤 교인은 점치는 사람에게 가서 점을 쳐 보니까 "당신 점괘가 10월이나 12월이 좋지 않으니 조심하시오." 하는 것이다. 그래서 교회에 와서 "하나님, 10월과 12월에 점괘가 나쁘니 이 악운이 다 물러가게 하여 주십시오."하고 기도하는 어리석은 교인도 있다. 이것은 그리스도교 신앙이 아니다. 샤머니즘적인 신앙이다.

 예화와 관련된 말씀

너는 나 외에는 다른 신들을 네게 두지 말라(출 20:3).

여호수아가 백성에게 이르되 너희가 여호와를 능히 섬기지 못할 것은 그는 거룩하신 하나님이시요 질투하시는 하나님이시니 너희의 잘못과 죄들을 사하지 아니하실 것임이라(수 24:19).

12 | 설교는 곧 삶

 어느 시골 교회에 한 목사님이 취임하여 오셨다. 목사님은 첫 취임 예배 때 아주 감동스럽고 놀라운 설교를 해서 은혜 받은 교인들이 너무나도 기뻐했다. 교인들 모두가 새로 오신 목사님을 좋아했고 정말 잘 모셔왔다고 생각했다.

 그런데 한 주일이 지나서 설교를 듣는데 그 목사님께서 취임 예배 때 하신 설교와 똑같은 설교를 하는 것이었다. 교인들은 고개를 갸우뚱거리며 지난 주일에 설교하신 것을 혹시 잊었거나, 아니면 취임 예배로 정신이 없어서 설교 원고를 정리하는 과정에서 착각했을 것이라고 생각하고 그냥 이해했다.

 그런데 세 번째 주간에도 그 목사님은 취임 예배 때 했던 설교를 또다시 하셨다. 교인들은 "우리가 목사님을 모셔 와도 단단히 잘못 모셔왔다."고 수군거리며 술렁거리기 시작했다.

 이 때 한 용감한 교인이 목사님에게 찾아가 이렇게 물었다.

 "목사님, 목사님께서는 언제 새로운 설교를 시작하실 겁니까?"

이 질문에 목사님께서는 이렇게 대답했다.

"여러분들이 이 말씀을 정말로 삶 속에 적용할 그때 저는 새로운 설교를 시작할 것입니다."

 예화와 관련된 말씀

> 너희는 말씀을 행하는 자가 되고 듣기만 하여 자신을 속이는 자가 되지 말라(약 1:22).

13 위선적 신앙생활의 결과

 오래 전 독일의 어느 마을에 자기 아버지에 대해 자랑스런 긍지와 자부심을 가진 유대인 소년이 살고 있었다.

 유태교 신앙을 가진 그의 부모는 열성 있는 신자였기 때문에 안식일마다 열심히 회당에 참석하여 십일조와 예물을 드리며 경건한 신앙생활을 하였고 자녀들에게도 그렇게 하도록 가르쳤다.

 그러다가 이 소년이 10대가 되는 때에 가족들은 다른 마을로 이사하게 되었는데 새로 이사한 마을에는 개신교인 루터파 교회뿐이었다.

 짐들을 정리하고 새로운 사업을 시작한 부친은 가족들에게 말하기를 "다음 주부터 우리들은 유태교의 전통적인 신앙을 포기하고 루터파 교회에 출석하자."고 했다.

 갑작스런 부친의 태도에 놀란 소년은 교회를 옮겨야 하는 이유를 물었더니 그 아버지의 대답은 "우리 사업에 도움이 되기 때문이다."라고 하였다.

 이와 같은 아버지의 말에 이 소년은 크게 당황하고 실망하게 되었고 그 실망은 점차 신앙에 대한 의심으로 변하게 되었으며 그 의심은 일생토록 그를 괴롭혔던 것이다.

그 후 그는 독일을 떠나 영국으로 건너가 날마다 영국의 대영 박물관에 앉아 헤겔의 철학을 연구하게 되었고 1875년에는 자기의 사상을 총정리 하여 '범철학비판' 이란 한 권의 책을 저술하였다.

그 책의 내용은,

첫째, 하나님의 존재를 부인하였다.

둘째, 인간의 양심도 부정하였다.

셋째, 종교는 아편에 불과한 것이라고 단정하고 공산주의를 재창하였다.

부모의 위선적인 종교 생활이 엄청난, 무서운 결과를 초래하게 되었던 것이다. 그가 바로 칼 막스였다.

 예화와 관련된 말씀

> 너희는 말씀을 행하는 자가 되고 듣기만 하여 자신을 속이는 자가 되지 말라(약 1:22).

14 | 세상 부요의 허무함

1888년에 인류 역사상 최초로 다이너마이트를 만든 유명한 사람이 있었다. 그는 다이너마이트로 당대에 명사가 되었고 수많은 돈을 벌어 사람들의 관심과 촉망을 받는 대상이 되었다.

어느 날 아침 그는 일어나자마자 평상시처럼 신문을 읽으려고 펴는 순간 깜짝 놀라고 말았다. 어떤 기사의 서두에 자기가 죽었다고 쓰여 있었기 때문이다.

사실 그의 동생이 죽었는데 기자들이 혼돈하여 그가 죽은 것으로 기사를 냈던 것이다. 작은 실수로 실린 기사였지만 그는 큰 충격을 받았다. 그는 자신의 사망 기사 앞에서 깊은 침묵과 말할 수 없는 도전을 받기 시작했다. 내가 수많은 사람을 죽일 수 있는 다이너마이트를 만들어서 재물과 명성을 얻었지만, 결국 내 인생의 마지막은 이렇게 허무하게 끝나는 것이 아닐까하는 생각에 잠기게 되었다.

그는 "많은 사람들을 죽음에 이르게 하는 다이너마이트를 만든 제조업자가 드디어 죽다."라고 실린 신문을 찢어 버리면서 새로운 삶을 살겠다고 결심했다.

그리고 훗날 그는 하나님을 알게 되었고, 하나님과 사람들을 위해서 자신의 모든 재산을 쓰기로 결심했다. 그것이 그 유명한 알프레드 노벨의 노벨 평화상이 시작된 이유였다. 사람들은 자신을 위해서 돈을 벌지만 정작 무엇을 위해서 써야 할 지 잘 모르는 사람들이 너무나 많다.

 예화와 관련된 말씀

자기를 위하여 재물을 쌓아 두고 하나님께 대하여 부요하지 못한 자가 이와 같으니라(눅 12:21).

한 사람이 두 주인을 섬기지 못할 것이니 혹 이를 미워하고 저를 사랑하거나 혹 이를 중히 여기고 저를 경히 여김이라 너희가 하나님과 재물을 겸하여 섬기지 못하느니라(마 6:24).

15 | 수전절의 유래

　예루살렘의 절기중 하나인 "하누카"라 불리는 수전절의 유래이다. BC 168년 알렉산더 대왕이 자신의 영토를 크게 몇 등분으로 나누어서 다스렸을 때, 그 당시 유대 나라를 포함한 그 주위의 지역을 시리아(수리아)라고 불렀다. 그런데 이 시리아 지역을 다스리던 안티오쿠스 에피파네스가 팔레스틴을 완전히 장악한 후, 유대인들을 핍박하기 시작했다.

　그는 먼저 성전에서 하나님을 경배하며 하나님께 제사 드리는 일체의 예배 행위를 금지시켰고, 하나님 대신에 제우스 같은 그리스의 신들을 성전 안으로 들여놓았다.

　그것뿐만 아니라 유대인들이 부정한 동물이라고 생각하는 돼지를 잡아서 그 머리를 성전 제단에 놓고 유대인들에게 예배하라고 강요했다. 이러한 행위는 유대인들에게 가장 치욕스럽고 모욕적인 일이었다. 그러나 당시 대부분의 유대인들은 마음으로만 분노하였고 얼마의 시간이 지나자 먹고살기 위해서 이 악한 지도자와 타협했다.

　그러나 이때 끝까지 치를 떨며 분노했던 마카비라는 가문이 있었다. 그 가문 중에서도 유다 마카비 형제들이 유명했는데 그들은 자기들의 땅을 어지럽히고 부패시키는 이 적들로부터 야훼 하나님에 대한 신성한 신앙을 보존하기 위해 게릴라 전쟁을 시작했다.

BC 164년부터 시작되어 2, 3년 동안의 혈전을 벌인 끝에 드디어 악한 세력들을 완전히 몰아내고 마침내 더럽혀졌던 성전을 깨끗케 하여 하나님 앞에 바칠 수 있게 되었다.

그런데 성전을 회복해서 봉헌하는 날 놀라운 일이 벌어졌다. 금 촛대에 겨우 하루 정도만 쓸 수 있는 기름을 넣었는데 그 촛불이 8일 동안이나 계속 활활 타올랐다. 그래서 꺼지지 않고 환하게 성전을 비추는 그 불빛 아래서 이스라엘 백성들은 다시 찾은 성전을 기뻐하며 하나님의 영광을 노래했다.

예화와 관련된 말씀

예루살렘에 수전절이 이르니 때는 겨울이라(요 10:22).

16 | 순교자의 자손들

윤임례씨는 시골의 평범한 여인네였다. 1950년 9월 17일 공산당의 손에 순교를 당했다. 전북 정읍시 소성리 애당리 316번지에 있는 두암교회 주변에는 2개의 순교자 기념탑이 세워져 있다. 평온한 마을에 공산당원들이 들이 닥쳐 예배 중지를 통보하지만 고분고분 들을 리가 없었다.

윤 여사는 장남인 김용은 전도사를 피신시키면서 "예배를 포기하면 안 된다. 우리는 교회를 사수한다. 너는 먼저 도망가 있거라"고 말했다.

윤씨는 교회를 지키다가 공산 당원들의 칼에 죽어 갔고, 그로부터 1개월 동안 두암교회 신자 23명이 하나님의 품에 안겼다. '순교자의 피는 교회 부흥의 씨앗'이라는 터툴리안의 말처럼 윤 여사의 자손들은 목회자와 건실한 신자들이 되었다.

장남 김용은 목사(82)는 군산에 중동교회를 세우고 평생 헌신했으며, 3남은 전주태평교회 원로 김용칠 목사이다.

손자 김영곤, 헌곤, 재곤, 명곤씨 등도 복음을 전하는 목회자들이다. 목사만 10명이 배출됐고, 후손 1백 16명도 그리스도인으로 나름대로 교회와 사회에 봉사하고 있다. 특히 장남 김용은 목사는 중동성결교회를 담임하면서 평생동안 "주택", "통장", "부동산"을 소유하지 않은 '3무 목사'로 유명하다. 실로 복 받은 가문이요, 복 받은 자손들이다.

 예화와 관련된 말씀

> 내가 어려서부터 늙기까지 의인이 버림을 당하거나 그의 자손이 걸식함을 보지 못하였도다(시 37:25).

17 | 신분에 맞는 삶

목사는 목사다워야 하는데 목사답게 산다는 것은 그리 쉬운 일이 아니다. 늘 사람들의 시선을 의식해야 하기 때문에 어쩌다 사람을 의식할 필요가 없는 시간을 갖게 되면 그렇게 좋을 수 없다.

오래 전에 우리 내외가 하와이로 모처럼 만에 여행을 떠난 적이 있었다. 우리 부부는 오랫만에 아는 사람이 하나도 없는 하와이에 있는 동안만큼은 실컷 편하게 지내고 옷도 야하게 입기로 마음먹었다. 들뜬 기분으로 한껏 폼을 잡고 호텔 엘리베이터를 탔는데 어떤 사람이 타면서 나를 위 아래로 훑어보는 것이었다. 그러더니 대뜸 "이동원 목사님 아니십니까?" 하는 것이다. 당황한 쪽은 나보다도 내 옆에서 아주 야한 옷을 입고 서있는 아내였다. 괜히 그 사람에게 소개하지 않으면 오해할 것 같아 아내를 소개하자, 아내는 몸둘 바를 몰라 했다.

엘리베이터에서 내려 해변을 향해 가면서 아내는 이런 말을 했다고 한다.

"여보, 이 세상에 피할 데가 어디 있겠어요. 당신과 저는 어차피 공인이에요."

 아내의 말을 들으며 이제부터는 해변에 갈 때도 검은 양복은 한 벌씩 가지고 다니기로 결심했다.(지구촌 교회 이동원 목사)

 예화와 관련된 말씀

> 오직 너희는 그리스도의 복음에 합당하게 생활하라 이는 내가 너희에게 가 보나 떠나 있으나 너희가 한마음으로 서서 한 뜻으로 복음의 신앙을 위하여 협력하는 것과(빌 1:27).

18 | 신앙의 명가

 1950년 6.25사변이 발발하기 몇 달 전에 평양 산정현 교회를 지키기 위해서 고(故) 유계준 장로는 산정현교회를 가마니 공장으로 내놓으라는 공산정권의 요구에 성도들의 헌금으로 세운 교회를 공장으로 사용할 수 없다고 맞서다가 순교를 당하셨다.

 고 유계준 장로의 가정은 죽음을 무릅쓰고 말씀을 지킨 일사각오의 신앙에 뿌리를 내리고 있다. 유계준 장로는 부인 윤덕중 권사와 6남 2녀를 신앙으로 양육했다. 이들 부부는 일제에 빼앗긴 조국을 되찾고 자녀들이 민족을 위해서 기여하게 해 달라고 하나님께 간구했다.

 유계준 장로는 대동강변에서 무역을 했던 상인이었다. 그는 예수님을 영접한 후에 철저하게 신앙생활과 주일성수를 했다. 유 장로는 자녀들에게 민족을 위해 일해야 된다고 그들에게 가르치고 기도해 주었다. 자녀들이 창시계명을 하지 않아 어려움을 당하자 호랑이를 잡으려면 호랑이 굴에 들어가야 한다면서 기옥, 기숙, 기천 3남매를 도쿄로 보냈다. 이 3남매가 우수한 성적으로 도쿄 의대와 도쿄 제국대를 졸업

했다. 장녀 기옥이 도쿄 제국대의 부속병원에서 근무하고 있을 때, "너는 한국을 위해서 공부한 것이니 고국으로 돌아오라."는 말을 할 때 자녀들은 즉각 순종해서 귀국했다.

자녀들에게 하나님께서 복을 주었다. 장남 유기온 장로는 생전에 국립의료원장을 역임했고, 2남 유기영 장로는 부산 의대 교수를 지냈고, 4남 유기천 장로는 서울대 총장을 역임했고, 사재 30억원을 모교의 장학금으로 기부해서 귀감이 되기도 했다. 3남 유기선 장로는 의사로 현재 부산에 산다. 특히 미국 시카고에 사는 5남 유기진 장로는 월남전까지 고장기려 박사와 함께 평양기독병원에서 근무했던 당시 몇 안 되는 외과의사 명의였다.

또 장녀 유기옥 권사는 서울 누가병원 원장이고, 미국 뉴욕에 사는 유기석 권사는 약사시고, 육남 유기목 장로도 의사이다.

 예화와 관련된 말씀

여호와께서 너희를 곧 너희와 너희의 자손을 더욱 번창하게 하시기를 원하노라(시 115:14).

19 | 신앙의 후손

미국 뉴욕시 교육위원회에서 매우 흥미로운 교육자료 하나를 개발한 적이 있다. 그것은 신앙인과 불신앙인이 후손들이 대를 이어가면서 어떤 모습으로 살았는가에 대한 통계수치였다.

위원회는 이 조사를 위해 두 사람의 표본모델을 선정했다. 한 사람은 프린스턴 대학 설립자이자 보수 신학자 에드워즈 요나단 목사였고, 다른 한 사람은 뉴욕에서 살롱 술집을 경영하여 거부가 된 무신론자 마크스 슐츠였다. 위원회에서는 이 두 사람의 후손들을 5대에 이르도록 면밀하게 확인하고, 그 개개의 인적 사항을 컴퓨터에 입력하여 통계를 추출했다.

에드워즈 요나단의 5대에 걸친 후손들은 모두 896명이었다. 그 중 선교사와 목사가 116명, 교사, 교수, 학장, 총장 등 교육자가 86명이었다. 이들 교육자 중에는 총장이 3명, 학장이 66명이나 되었는데, 그 총장 중에는 찬송가 246장 '내 주의 나라'를 쓴, 예일대학의 총장 티모티 드와이트 박사도 포함되어 있었다. 그밖에도 부통령이 1명, 상원 의원이 4

명, 문학가 및 문필가가 75명, 발명가가 21명, 실업가가 73명 그리고 장로, 집사가 286명이나 되었다.

마크스 슐츠의 5대 후손들은 모두 1,062명이나 되었다. 그런데 이들은 평균 교도소 생활 5년 정도 한 사람이 96명, 정신병자 및 알코올 중독자가 58명, 창녀가 6명, 정부 보조 극빈자가 286명, 불학무식한 자가 406명이나 되었고, 이들이 사고를 쳐서 연방 정부의 예산을 낭비한 금액이 무려 1억 5천만 불이나 되었다.

 예화와 관련된 말씀

또 아비들아 너희 자녀를 노엽게 하지 말고 오직 주의 교훈과 훈계로 양육하라(엡 6:4).

20 | 신앙인의 재산 목록

 어떤 회계사가 비록 가난하지만 아주 진실한 교인의 세금 보고서를 대신 작성해주려고 찾아갔다. 그 회계사는 "소유하고 계신 재산에 대해서 말씀해주시겠습니까?" 하고 부탁했다.
 "글쎄요. 나는 많은 것들을 가지고 있거든요.
 첫째, 나에게는 영생이 있습니다.
 둘째, 크고 아름다운 집이 천국에 있습니다.
 셋째, 다른 사람들은 감히 생각조차 할 수 없는 평화를 소유하고 있습니다.
 넷째, 말로 다할 수 없는 즐거움이 있고요,
 다섯째, 영원히 변하지 않는 사랑을 받았습니다.
 여섯째, 현숙하고 신실한 아내가 있고,
 일곱째, 건강하고 부모에게 순종하는 자녀들이 있습니다.
 여덟째, 진실하고 변함없는 친구들이 있습니다.
 아홉째, 캄캄한 밤중에도 찬송을 부를 수 있습니다.
 열 번째, 생명의 면류관이 있습니다.
 열한 번째, 나의 필요한 모든 것을 풍족하게 채워주시는 나의 구세주 예수 그리스도를 모시고 살아갑니다."

그러자 그 회계사는 장부를 조용히 덮으면서 "당신은 이 세상에서 가장 많은 것을 소유하고 있습니다. 그러나 아무도 당신의 재산에 세금을 부과할 수는 없습니다."라고 말했다.

 예화와 관련된 말씀

믿음이 없어 하나님의 약속을 의심치 않고, 믿음에 견고하여져서 하나님께 영광을 돌리며, 약속하신 그것을 또한 능히 이루실 줄을 확신하였으니(롬 4:20, 21).

그러므로 누구든지 이런 것에서 자기를 깨끗하게 하면 귀히 쓰는 그릇이 되어 거룩하고 주인의 쓰심에 합당하며 모든 선한 일에 준비함이 되리라(딤후 2:21).

21 | 실패에서도 희망을 갖게 한 성경

미국 16대 대통령 링컨은 켄터키주의 한 농가에서 태어났다. 어린 시절 그는 그의 어머니로부터 사랑과 믿음 안에서 큰 영향을 받고 자랐다.

링컨이 아홉 살 되던 해 갑자기 어머니가 세상을 떠나게 되었다. 그의 어머니가 세상을 떠나기 전 사랑하는 아들에게 유언을 했다.

"내 아들아, 너무 슬퍼하지 마라. 내가 없더라도 이 성경책의 말씀이 너를 인도하실 것이니 너는 어디를 가든지 이 성경책을 네품에 안고 다니면서 읽어라."

어릴 때 어머니를 잃은 링컨은 성경을 가슴에 품고 다니면서 마치 어머니의 음성처럼 성경을 읽었다. 그는 가난한 삶 속에서 매우 어려운 일들을 많이 겪게 되었다. 충분한 배움이 없이 험난한 사회생활을 한다는 것은 결코 쉬운 일이 아니었다.

실패의 연속이었다. 측량기사 시험, 변호사 시험, 시의원, 국회의원에서 떨어지는 경험을 하게 되었다. 수많은 실패와 낙방을 할 때마다 모든 것을 포기하고 싶었지만 하나님의 말씀을 읽을 때마다 용기와 희망을 얻어 포기할 수 없었다.

다시 힘을 얻어 측량기사 시험에 합격했고 변호사 시험도 여러 번 도전 끝에 합격하게 된다. 시의원도, 국회의원도, 상원의원까지 당선되었고, 나중에는 미국의 16대 대통령으로 당선되어 위대한 일을 해내게 된다.

그 힘은 바로 하나님의 말씀에서 나왔다.

 예화와 관련된 말씀

> 모든 성경은 하나님의 감동으로 된 것으로 교훈과 책망과 바르게 함과 의로 교육하기에 유익하니(딤후 3:16).
>
> 하나님의 말씀은 살아 있고 활력이 있어 좌우에 날선 어떤 검보다도 예리하여 혼과 영과 및 관절과 골수를 찔러 쪼개기까지 하며 또 마음의 생각과 뜻을 판단하나니(히 4:12).

22 | 아빠 마음은 달라

때로 사람들은 운전면허를 따기 전에 운전하는 법을 조금 배우고 나면 너무 재미있어서 자꾸만 차를 몰고 싶어 하는 경향이 있다. 우리 아이들도 운전을 배울 때 얼마나 운전하고 싶어하든지 시간만 나면 열쇠를 달라고 해서 운전하려고 한다. 그런데 사실 열쇠만 주고 혼자 내보내는 일이 얼마나 위험한 일인가?

어느 날 둘째 아이가 "아빠, 차 열쇠 주면 멀리 나가지 않고 집 앞에서 조금만 타고 올께."라고 하는 것이다. 나는 아무 대꾸도 하지 않고 그냥 쳐다봤다. 서로 한참을 쩨려본 후에야 아이는 "아빠, 난 알아"하면서 갔다. 그 아이의 뒷모습을 보면서 제가 속으로 "너는 아빠를 몰라"라고 했다.

만약 우리 아이가 장성한 성인이 되어 운전하는 모습을 보면 무척 대견스럽고 자랑스러울 것이다. 지금이라도 당장 열쇠를 주고 싶지만 아직 때가 안 되었기 때문에 열쇠를 줄 수가 없는 것이다. 그런 아빠 마음을 아들은 모른다.

하나님과 우리의 관계도 마찬가지이다. 하나님의 마음을 안다면 주님이 주시는 경계와 금지의 말씀이 무겁지 만은 않다. 그것이 나를 위한 말씀이고 나의 유익과 축복 그리고 인생의 승리를 위해서 주신 말씀이라면 그 말씀을 따르는 것이 큰 감격일 것이다. 참으로 그리스도의 제자로서 이 시대를 살기를 원한다면 주님의 마음을 알고 그 말씀을 따라 지키는 자가 되어야 한다.

 예화와 관련된 말씀

이는 다 이방인들이 구하는 것이라 너희 하늘 아버지께서 이 모든 것이 너희에게 있어야 할 줄을 아시느니라(마 6:32).

23 | 오직 그리스도뿐

　모라비안의 지도자였던 진젠도르프 백작이 자기가 가지고 있었던 사회적인 지위와 조건들을 모두 다 버리고 복음을 전하기 위해서 맨발로 뛰쳐나갔을 때 그의 친구들이 물었다.
　"자네의 야망은 도대체 무엇인가?"
　그는 이렇게 대답했다.
　"그리스도뿐 오직 그 분뿐"
　깊은 밤에 성 어거스틴이 성경을 묵상하다가 잠이 들었다. 꿈속에서 주의 천사가 나타나 주님의 메시지를 전했다.
　"그대는 무엇을 원하는가?"
　그는 깊은 꿈속이었지만 그의 의식과 신앙을 지배하는 고백을 했다.
　"아니요. 저는 아무것도 원하지 않습니다. 주님 밖에는요."
　에쿠아도르 강가에 자기의 젊은 피를 뿌렸던 선교사 엘리옷은 이렇게 간증하였다.
　"내가 진짜 붙들고 있을 수 없는 것, 어차피 놓아버릴 수

밖에 없는 것을 붙들려고 애쓰는 것보다 어리석은 사람이 어디 있는가? 그러나 절대로 잃어버리지 말아야 할 것 그 영원한 것을 얻기 위해서 생명을 버린 것은 결코 어리석은 사람이 아니다."

세상에서 우리를 만족하게 하는 것은 아무것도 없다. 그렇기 때문에 전도서 기자는 이렇게 고백한다.

"만물이 피곤함을 사람이 말로 다할 수 없나니 눈은 보아도 만족함이 없고 귀는 들어도 차지 아니하도다."

우리는 두 주머을 불끈 쥐고 태어나 욕망이라는 인생의 행로를 달려간다. 그러나 마지막 숨을 거두기 전에 우리의 손을 펴야 한다. 이 사실을 빨리 깨닫는 사람은 복이 있다. 우리는 아무것도 가지고 갈 수 없으나 가져갈 수 있는 것이 단 한 가지 있다. 주께서 내 안에 계시면 또 내가 주 안에 있으면 내 삶이 참으로 만족할 수 있다는 사실이다.

"주님이 내 중심에 계시니 주님 한 분만으로 나는 만족합니다."

예화와 관련된 말씀

이는 내게 사는 것이 그리스도니 죽는 것도 유익함이라(빌 1:21).

24 | 우울한 잔치

어느 선교사님이 교회만 들어오면 울면서 기도하는 한국 교인들을 보며, 어느 날 사역을 하던 목사님에게 이런 질문을 했다.

"목사님 궁금한게 하나 있습니다."

"무엇인데요?"

"왜 예수 믿는 사람들의 표정이 항상 저렇게 울상이지요? 특별히 한국 교인들은 예배당 안에만 들어오면 그렇게 짜증스럽고 울상인 분위기가 되는 것은 무엇 때문인지 모르겠어요."

그 질문에 목사님은 한참 생각하다가 별로 신통한 대답이 생각나지 않아서 이렇게 대답했다.

"그것은 한국 교인들이 늘 주님의 십자가를 묵상하기 때문에 그렇습니다."

그러나 선교사님은 웃으시면서 다시 목사님에게 반문했다.

"아니, 한국 교인들은 그 예수님이 다시 사신 것을 잊어버렸나 봅니다."

우리에게 십자가 신앙만 있고, 부활의 신앙이 없다면 우리에게는 소망 없는 신앙 뿐일 것이다.

 예화와 관련된 말씀

살리는 것은 영이니 육은 무익하니라 내가 너희에게 이른 말은 영이요 생명이라 그러나 너희 중에 믿지 아니하는 자들이 있느니라 하시니 이는 예수께서 믿지 아니하는 자들이 누구며 자기를 팔 자가 누구인지 처음부터 아심이러라(요 6:63,64).

예수께서 그들에게 이르시되 혼인집 손님들이 신랑과 함께 있을 동안에 슬퍼할 수 있느냐 그러나 신랑을 빼앗길 날이 이르리니 그 때에는 금식할 것이니라(마 9:15).

25 | 전도지 같은 돈

1851년 11월 미국 매릴랜드주에 사는 한 농부가 미국 재무성에 다음과 같은 청원서를 냈다. 그것은 미국이 만들어 내는 모든 화폐에 "우리는 하나님을 믿는다"(In God We Trust)라는 말을 넣어 달라는 것이었다. 그로부터 13년 후인 1864년 미국 의회에서 정식으로 이를 결정하고 오늘까지 모든 미국 화폐에는 "우리는 하나님을 믿는다"라는 말을 넣고 있다.

미국 돈은 단순한 미국의 돈만이 아니다. 그것은 전 세계의 돈이다. 세계 그 어느 곳에서도 미국 돈은 통용되고 있기 때문이다. 그 원인이 미국의 국력 때문이라고 본다. 그러나 보다 더 깊은 원인을 찾는다면 "In God We Trust"라는 그 말 때문이라고 생각한다.

본인들은 알든 모르든, 본인들이 알고 쓰든, 모르고 쓰든 전세계 사람들은 "우리는 하나님을 믿는다"는 전도지를 주고받고 있다는 사실을 결코 우연으로 돌릴 수는 없다고 생각한다.

하나님을 경외하는 개인과, 가정과, 국가가 번영하고 복

받는다는 사실을 명심해야 한다. 그리고 하나님을 높이고 경외하면서 기도해야 응답받는다는 것도 기억해야 한다.

 예화와 관련된 말씀

> 여호와께서 우리에게 이 모든 규례를 지키라 명령하셨으니 이는 우리가 우리 하나님 여호와를 경외하여 항상 복을 누리게 하기 위하심이며 또 여호와께서 우리를 오늘과 같이 살게 하려 하심이라(신 6:24).

02
하나님의 뜻을 행하는 자

이 세상도, 그 정욕도 지나가되 오직 하나님의 뜻을 행하는 자는 영원히 거하느니라(요일 2:17).

01 | 존경받는 목사상

 이기선 목사는 일제시대에 신사참배 반대운동을 하다가 감옥에 갇혀서 고생했다. 한번은 경찰국장이 자기 방으로 불렀다. 경찰국장이 일어나서 이 목사를 맞았다.

 "이 목사님, 연세도 많으신 분을 이렇게 고생을 시켜드려서 죄송합니다."

 정중하게 인사를 하고 좋은 의자에 앉혀드리고 차도 한 잔 대접했다. 그리고 경찰국장이 편지 하나를 내 놓았다. 그 편지는 미국서 공부하여 공학박사가 된 큰 아들 정근이가 보낸 편지였다. 이 목사는 편지를 뜯어보고 아무 표정도 없이 다시 책상 위에 척 놓았다. 내용은 다른 목사들은 다 신사참배를 하고 편안히 사는데 아버님만은 신사참배를 반대하면서 고생하실 것이 무엇이냐면서 겉으로는 신사참배를 하고 속마음으로만 안 하면 되지 않느냐는 것이었다.

 "아드님 편지를 받으니 생각이 어떠하십니까?" 경찰국장이 물었다. 이 목사는 담담하게 이렇게 말했다.

 "세상 지식으로 말하면 나는 지식이 많지 않지만 아들은 세계가 알아주는 공학박사이니 지식적으로 보면 내 선생격입니다. 그러므로 사제의 관계로만 본다면 그 청을 들어주는 것이 옳을 것이고, 또 혈육의 관계인 부자간의 입장에서만 생각한대도 그 요청을 들어주는 것이 옳을 것입니다.

하지만 신앙적으로 말하면 이 사람은 평신도이고 나는 이 사람을 지도하는 목사입니다. 그러므로 이 신사참배 문제는 신앙에 관한 문제이므로 평교인인 아들이 아버지가 고생하는 것이 하도 딱해 보여서 철없이 한 말이니 일고의 가치도 없습니다."

이 말을 들은 경찰국장은 "이 목사님은 과연 위대한 분입니다. 목사가 되려면 저런 목사가 되어야 해!" 하며 중얼거렸다고 한다. 일본 경찰국장은 그 분을 진심으로 존경했다.

 예화와 관련된 말씀

내가 복음을 부끄러워하지 아니하노니 이 복음은 모든 믿는 자에게 구원을 주시는 하나님의 능력이 됨이라 먼저는 유대인에게요 그리고 헬라인에게로다(롬 1:16).

02 | 주님 한 분만으로 나는 만족해

의사였다가 기독교 작가로 변신한 크로닌 박사는 가난한 사람들에 대한 연민 때문에 광산촌에서 계속 의사 노릇을 하고 있었다. 그런데 그 광산촌에는 억울하게 오해를 받아 그곳으로 쫓겨 온 간호사가 있었다. 그녀는 쫓겨 온데다가 월급마저 아주 적었지만 불평하지 않고 오히려 항상 생글생글 웃으며 여유 있고 자신 만만하게 일했다. 그리고 병원 진료시간이 끝났는데도 제일 늦게까지 남아서 일을 더 하곤 했다. 그런 간호사의 모습을 본 크로닌 박사는 안쓰러워서 간호사에게 이렇게 얘기를 했다.

"당신은 당신이 가진 가치만큼 대우를 받지 못하고 있어요. 하나님은 그것을 아실 텐데 말이야."

이 간호사는 이 말을 듣자마자 이렇게 대답했다.

"제가 가치 있는 존재라는 것을 하나님이 아신다면 그것으로 족하지 않습니까?"

간호사의 답변은 신앙적으로 헌신되어 있지 않던 크로닌 박사의 마음에 화살처럼 꽂혔다. 그녀의 그런 마음이 불편한 환경에서도 당당하고 빛나는 삶을 살게 한 비밀이었던 것이다.

어느 곳에 사느냐, 무엇을 하느냐, 얼마나 내 상황이 불편한가 그것이 중요한 것이 아니라 나는 어떻게 살아가는 사람인가가 더 중요한 것이다.

 예화와 관련된 말씀

나는 의로운 중에 주의 얼굴을 뵈오리니 깰 때에 주의 형상으로 만족하리이다(시 17:15).

03 | 진리를 찾는 사람들

'천로역정'의 저자인 존 번연(*John Bunyan*)은 인생과 영혼에 대한 의문이 자기 마음에 일어나기 시작했을 때 이런 결심을 했다.

"내가 구원을 받기 전까지는, 이 진리를 확실히 알기 전까지는, 하나님의 아들인 예수님을 분명히 깨닫기 전까지는 먹지도 않고 자지도 않으리라. 아니 이 문제를 해결할 수만 있다면 나는 지구 어디라도 갈 것이며 무엇이라도 할 것이다."

그의 이러한 결심이 예수님을 만나게 된 계기가 되었다. 예수님은 마침내 그에게 자신을 나타내셔서 깨닫게 해주셨고 진리를 알게 하셨다. 그는 주님을 찾은 그 놀라운 감격을 기록하여 위대한 저서, 「천로역정」을 남겼다.

그 책에 나타난 기독교도의 모습은 자신의 모습이자 지금도 진리를 찾고 있는 순례자들의 모습이었다. 그들은 참으로 많은 고난과 고통을 경험함으로써 하나님의 아들을 만나고 하나님의 나라를 소유하며 위대한 주의 진리를 체험하게 된다.

이 「천로역정」에서는 크리스쳔이라는 주인공이 순례의 여정에서 여러 명의 사람들을 만나게 된다. 그 중 '신실'과 '소망'이라는 이름의 두 사람과 만나 함께 길을 가다가 의미가 없는 헛된 박람회에 들어가게 되었다. 장사꾼들은 그들에게 유익하지 못한 물건들을 사라고 외쳤다. 그들은 애써 귀를 막고 지나가려고 하는데 한 장사꾼이 이렇게 물었다.
"당신들은 무엇을 사길 원하십니까?"

이때 그들은 이렇게 대답했다.

"우리는 진리를 사기 원합니다."

그들은 진리를 얻어 잠시 있다가 없어지는 것이 아닌, 오늘 있다가 내일 없어지는 것이 아닌, 물질이 아닌 내 인생에 대한 대답을 얻기 원한다고 했다. 바로 그들은 허무하고 불안한 마음에 영광스러운 진리를 얻어서 자신들의 영혼의 문제를 해결할 수 있는 하나님을 만나기를 원했던 것이다.

 예화와 관련된 말씀

> 내가 하나님의 은혜를 폐하지 아니하노니 만일 의롭게 되는 것이 율법으로 말미암으면 그리스도께서 헛되이 죽으셨느니라(갈 2:21).

04 | 진정한 승리

이 사건은 아프리카 우간다 어떤 교회에서 일어난 일이다. 그 당시 우간다는 독재자인 '이디 아민'이라는 악명 높은 사람의 통치 아래 있었다. 이 교회의 목사인 케파 샘팡기 목사는 종종 정부의 불의를 책망하는 예언적인 설교를 하곤 했다. 이 사건이 난 아침에도 7천명이나 되는 교인들이 부활절 주일 예배를 드리고 있었다. 설교를 마친 후 목사님이 교회 사무실로 들어섰을 때 거기에는 5명의 비밀경찰이 그를 기다리고 있었다. 그들 중 한 사람이 "우리는 국가의 명으로 반국가 사범을 처단하기 위해 왔소."라고 하면서 목사님에게 총을 겨누었다.

이때 케파 목사는 아주 담담하게 이런 부탁을 했다.

"오늘은 부활절 아침입니다. 나는 부활을 믿는 사람으로 죽는 것이 전혀 두렵지 않지만 나에게 2분의 시간을 주신다면 잠시 주님께 기도를 드리고 생을 마무리하고 싶습니다."

2분의 시간을 허락 받은 목사는 기도를 시작했다.

"하나님 아버지, 우간다의 통치자 이디 아민을 용서해 주시옵소서. 그의 명령을 원하지 않으면서도 받들어야 하는 불행한 이 5명의 형제들을 용서하여 주시옵소서. 그리고 우간다 국민에게 자유를 주시옵소서. 내 사랑하는 조국이 사랑의 땅과 의의 땅이 되도록 도와주시옵소서. 나의 죽음으로 다시는 이러한 비극이 이 땅에 되풀이되지 않도록 긍휼을 베풀어 주시옵소서."

기도를 마쳤을 때, 목사의 눈에 눈물이 흐르고 있었고 기도를 듣던 경찰들의 눈에서도 뜨거운 눈물이 흘렀다. 경찰의 통솔자인 한 사람이 무릎을 꿇으면서 "목사님, 죄송합니다. 우리가 큰 실수를 저지를 뻔했습니다. 목사님은 피신하여 교회에 계시지 않는 것으로 보고하겠습니다. 빨리 이 자리를 떠나 주십시오."라고 했다고 한다.

이 사건을 통해 부활의 믿음은 죽은 후의 육체적인 부활의 소망을 약속할 뿐 아니라 오늘을 사는 지금 이 순간에도 승리의 삶을 살게 한다는 것을 알 수 있다.

 예화와 관련된 말씀

> 예수께서 이르시되 나는 부활이요 생명이니 나를 믿는 자는 죽어도 살겠고 무릇 살아서 나를 믿는 자는 영원히 죽지 아니하리니 이것을 네가 믿느냐(요 11:25,26).

05 영권있는 무릎인의 자세

1. 바쁜 척하지 말아야 한다. 하나님께서는 이미 그 일을 여유 있게 처리할 능력을 당신에게 주셨기 때문이다.
2. 피곤한 척하지 말아야 한다. 하나님께서는 이미 독수리가 날개 치며 올라가는 것 같은 힘을 주셨기 때문이다.
3. 어리석은 척하지 말아야 한다. 성령을 부으심으로 모든 지혜와 총명을 이미 넘치게 주셨기 때문이다.
4. 아픈 척하지 말아야 한다. 그리스도께서 채찍에 맞으심으로 당신은 이미 나음을 입었기 때문이다.
5. 가난한 척하지 말아야 한다. 하나님께서는 그리스도에게 가난을 짊어 지우셨으므로 당신은 이미 부유한 자가 되었기 때문이다.
6. 힘든 척하지 말아야 한다. 하나님께서는 성령을 주시므로 당신에게 이미 권능이 임했기 때문이다.
7. 믿음이 없는 척하지 말아야 한다. 하나님께서는 당신에게 산을 옮길 만한 겨자씨만한 믿음을 주셨기 때문이다.
8. 연약한 척하지 말아야 한다. 그리스도에게 연약함을 실제로 담당시키셨고 성령을 통해 강하게 하셨기 때문이다.
9. 슬픈 척하지 말아야 한다. 하나님께서는 이미 당신의 슬픔을 그

리스도에게 실제로 담당시키셨고, 성령을 통해 희락이 넘쳐나게 하셨기 때문이다.

10. 두려운 척하지 말아야 한다. 하나님께서는 이미 성령을 통해 당신의 마음속에 세상 어디에서도 얻을 수 없는 넘치는 평강을 주셨기 때문이다.

11. 죄인인 척하지 말아야 한다. 하나님께서는 당신의 모든 죄를 그리스도에게 담당시키셨다.

12. 혼자인 척하지 말아야 한다. 하나님께서 항상 당신과 함께 계시기 때문이다.

13. 꿈이 이루어지지 않을 것처럼 말하지 말아야 한다. 성경의 모든 인물들이 당신과 같은 역경을 통과했고, 모진 세파를 거치면서도 결국 그들의 꿈은 모두 이루어졌다.

14. 기름 부음이 없는 척하지 말아야 한다. 당신 안에 기름 부음이 이미 거하고 있기 때문이다.

-오정현 목사의 「기도의 힘」 중에서

 예화와 관련된 말씀

모든 것이 내게 가하나 다 유익한 것이 아니요 모든 것이 내게 가하나 내가 무엇에든지 얽매이지 아니하리라(고전 6:12).

06 | 크리소스톰을 어쩌랴

 교부 중에 '크리소스톰'이라는 사람이 있었다. 그는 설교를 매우 잘 했기 때문에 '황금의 입을 가진 자'라는 별명이 붙은 사람이다. 그런데 하루는 로마 황제가 그에게 예수 그리스도를 포기하라는 명령을 내렸다. 그러나 그는 죽어도 그리스도를 포기하지 못한다고 맞섰다. 그리하여 그는 로마 황제의 명령으로 체포 되었고 로마 황제는 신하에게 크리소스톰이 아무도 대화하지 못하게 고독한 개인 감방에 집어넣으라고 명령을 내렸다.

 그때 신하는 안타까운 듯이 황제에게 말을 했다.

 "황제님 모르십니까? 예수 믿는 사람은 혼자 있기를 좋아합니다. 만일 그 사람을 감옥에 혼자 가두어 놓으면 기도를 많이 하게 됩니다. 우리 눈에는 아무것도 보이지 않는데 예수 믿는 사람은 하나님이 와서 같이 이야기 한답니다."

 이에 더욱 화가 난 황제는 "그러면 그를 극악무도한 죄인들이 있는 감옥에 집어 넣으라."고 명령했다.

 신하는 다시 고개를 흔들면서 "황제님 그것은 안 됩니다. 그 사람은 오히려 전도할 기회를 얻었다고 뛰면서 좋아할 것입니다. 그리고 얼마 있지 않아 감옥에 있는 모든 사람들이 크리스천이 되고 말 것입니다. 그 사람에게는 이상한 힘이 있어 극악무도한 죄인도 변화를 시킴으로 오히려 그에게 상급을 받게 하는 것입니다."

"그러면 그놈을 내어다 목을 쳐라."고 황제가 노여워서 말했다.

"황제님 모르시는 말씀입니다. 저들의 제일 큰 상급은 순교입니다. 그렇기 때문에 저 자들 중에 목 베임을 당하러 나올 때 우는 사람을 볼 수 없지요. 오히려 얼굴에 광채기 나고 기뻐합니다."

그러자 황제는 "그러면 이놈을 어떻게 해야 좋단 말이냐?" 하면서 탄식을 했다고 한다.

 예화와 관련된 말씀

> 이것을 너희에게 이르는 것은 너희로 내 안에서 평안을 누리게 하려 함이라 세상에서는 너희가 환난을 당하나 담대하라 내가 세상을 이기었노라(요 16:33).

07 | 포로들이 소망을 갖다

필리핀의 마닐라만에 주둔하고 있던 미군은 일본군에게 항복하고 말았다. 일본군은 미군 포로들을 수용소로 보내며 모포 한 장씩을 가지고 들어가도록 허용하였다.

그런데 한 병사는 폭격으로 부서진 필리핀 교회에서 얻은 성경을 모포 속에 감춰서 들어갔다.

많은 포로들이 죽어가는 그 공포의 행렬에도 그는 꼭 성경을 가지고 다녔다. 포로선으로 옮겨질 때나 카바나투안 포로수용소로 갈 때도 가지고 갔다.

그곳에서의 포로들의 삶은 죽음과의 싸움이었다. 그 병사는 그 성경을 수용소에 있는 종군 목사에게 건네주었다.

미국 성서공회에 의하면 군목들은 질병과 기아로 죽음 직전에 있는 포로들에게 그 성경을 읽어주어 믿음과 용기를 잃지 않게 했다고 한다. 많은 포로들이 소망을 가질 수 있었고 죽으나 사나 주님을 붙들게 되었다.

전쟁이 끝나자, 모두 눈물로 감사했으며 1,500명의 포로들이 그리스도를 발견하고 그들의 신앙을 고백하며 세례를 받았다.

한 병사가 목숨을 걸고 간직한 성경이 수천명의 생명을 살리는 역할을 했다. 그것이 복음이요, 생명을 살리는 하나님의 역사가 나타나게 하는 것이다.

 예화와 관련된 말씀

복음에는 하나님의 의가 나타나서 믿음으로 믿음에 이르게 하나니 기록된 바 오직 의인은 믿음으로 말미암아 살리라 함과 같으니라(롬 1:17).

08 피난처인 예수님

나는 미국에서 돌아오는 비행기 안에서 갑자기 기내를 돌아다니는 꼬마 한 명을 발견했다. 대여섯 살 정도 된 아주 예쁘게 생긴 여자아이였는데, 아빠는 미국 사람이고 엄마는 한국 사람인 것 같았다. 그 여자아이는 아주 활달한 성격 탓인지 비행기 복도에서 춤을 추고 돌아다니면서 사람들을 쳐다보고 만져 보기도 했다.

나에게도 와서 얼굴을 만졌다. 순식간에 이 여자아이는 비행기 안의 마스코트가 되었다. 그 아이는 엄마, 아빠도 잊어버린 채 뒷좌석에 탄 사람들과 웃기도 하고 이야기도 하며 여기 저기 돌아다녔다.

그런데 그렇게 명랑하던 아이가 순간 기류가 이상해지고 비행기가 흔들리기 시작하자 쏜살같이 엄마의 품으로 뛰어들어갔다.

그 장면을 보면서 우리는 고통 받으면 가야 할 품이 필요하다는 것을 느꼈다.

우리의 인생에서 감당하기 힘들고 어려운 고통을 만날 때 달려갈 수 있는 품이 있고 모든 것을 다 말할 수 있는 대상이 있는 사람은 행복한 사람이다. 전지전능하시고, 사랑과 긍휼이 풍부하신 하나님 앞에 나와 자신의 심정을 내어놓기를 바란다.

 예화와 관련된 말씀

여호와는 나의 사랑이시요 나의 요새이시요 나의 산성이시요 나를 건지시는 이시요 나의 방패이시니 내가 그에게 피하였고 그가 내 백성을 내게 복종하게 하셨나이다(시 144:2).

하나님은 우리의 피난처시요 힘이시니 환난 중에 만날 큰 도움이시라(시 46:1).

09 | 하나님 앞에서

몇 년 전 내가 평양에 다녀올 때에는 북한과의 왕래가 드물었기 때문에 주위의 많은 분들이 염려하셨다. 평양에 도착하기 전에 함께 갔던 목사님들 사이에서는 이런 대화가 오고 갔다.

"평양의 모든 호텔에는 빈틈없이 도청 장치가 되어 있기 때문에 호텔에서는 특별히 말을 조심해야 합니다."

"아니 도청 장치 정도가 아니라 감시 카메라가 작동하고 있으니까 행동까지도 각별히 조심해야 할 겁니다."

처음에는 농담처럼 얘기했었는데 일단 호텔 방에 들어가 보니까 모든 것이 다 나를 감시하는 것 같았다. 등골이 오싹해 지면서 정말 말과 행동 하나 하나가 모두 신경이 쓰였다. 내 평생에 방안에서 그렇게 경건한 행동을 한 적이 없었다.

어떤 목사님은 공산당이 지켜보고 있는데 목사 체면에 속옷 바람으로 돌아다닐 수 없어서 옷을 다 입은 채로 잠자리에 들었다.

누군가가 나를 보고 있다고 생각하면 우리는 작은 행동까지 달라지게 된다. 지금 이 순간 하나님께서 우리를 관찰하시며 보고 계신다. 우리가 성실하게 생활하는지, 하나님의 말씀대로 그리스도인답게 살고 있는지 세밀히 보시며 듣고 계신다.

존 칼빈의 삶의 좌우명은 "하나님 앞에서"이다. 그는 일평생을 하나님 앞에 산다고 생각했기에 함부로 말하고 행동할 수 없었다. 그래서 그는 언제나 주님 앞에서 경건하게 살았다. 우리도 칼빈처럼 하나님 앞에서 아주 작은 부분까지 성실하게 감당하며 부끄럽지 않게 행동해야 한다. 하나님께서는 일상생활 가운데서 우리를 시험하신다.

 예화와 관련된 말씀

> 이는 금식하는 자로 사람에게 보이지 않고 오직 은밀한 중에 계신 네 아버지께 보이게 하려 함이라 은밀한 중에 보시는 네 아버지께서 갚으시리라(마 6;18).

10 하나님께 영광 돌린 무신론 철학자

무신론 철학자인 머들린 머리 오헤어(Maudlin Marey O'Hare)는 미국의 무신론 협회장을 지냈고, 미국에서 벌어지고 있는 각종 반 크리스천 운동(Anti Christian Movement)의 핵심 리더였다. 그가 몇 해 전 미국 공립학교에서 기도하면 안 된다고 하는 기도금지 운동을 벌였고, 결국 이 문제를 가지고 법정까지 가게 되었다.

모두들 그가 법정에서 패할 것이라고 생각했는데, 시카고 법원에서 내린 마지막 판결은 그의 승리였다. 승리를 전혀 기대하지 않았던 그는 이기는 순간, 법정에서 손을 들어 "오 마이 갓"(Oh, My God)이라고 외쳤다. 그 모습이 기자들 눈에 띄었고, 뉴스에 보도되었다. 그 내용은 무신론자가 승리의 축하를 하나님께 돌렸다는 것이었다.

칼 융(Carl Jung)이라는 심리학자는 "사람들의 여러 의식 가운데 가장 강렬한 의식은 신(神) 의식이다. 그리고 이것은 무신론자의 마음속에서도 그렇다."는 말을 했다.

무신론자들은 신이 없다는 것을 증명하기 위해서 온 세월을 보내는데, 아이러니하게도 그들은 그러기 위해서 주야로

신을 묵상해야 한다. 그들의 마음에서 절대로 벗어버릴 수 없는 의식이야말로 신 의식이다.

인간은 하나님을 떠나고 신앙을 떠나서 결코 살 수 없다. 사람마다 어떤 의미로든지 종교적인 것을 추구하며 사는데, 이 필요는 어느 누구도 부정할 수 없다.

 예화와 관련된 말씀

> 내가 두루 다니며 너희가 위하는 것들을 보다가 알지 못하는 신에게라고 새긴 단도 보았으니 그런즉 너희가 알지 못하고 위하는 그것을 내가 너희에게 알게 하리라(행 17:23).

11 하늘을 우러러 한 점 부끄럼이 없는 삶

삶의 마지막까지 최선을 다해서 삶을 살고자 했던 민족 청년 시인 윤동주(1917. 12. 30~1945. 2.16)의 이야기이다.

그는 1943년 7월 14일 일본에서 일본 유학생 사상범으로 체포되어 1945년 2월에 해방을 보지 못하고 감옥에서 인생을 마쳤다. 그의 인생에 관심이 많았던 사람들은 그의 생애를 추적하면서 그가 어떻게 2년 동안의 감옥생활을 했는지 알아보았다.

그가 있었던 일본의 규수 후쿠오카 형무소에 남아있는 기록을 보면 그가 최후의 순간을 앞두고 한 가지 일에 몰두했다는 사실을 알 수 있다.

"윤동주는 고향집에 편지해서 차입한 신약성서를 옥중에서 읽고 있다. 그는 날마다 이 책에 빠져있다."

이 글은 형무소에서 그의 삶의 동태를 항상 감시하고 있었던 사람들이 적어놓은 기록이었다. 하나님의 말씀을 붙들고 인생의 최후를 마무리하고 있었던 그에게 시는 그의 신앙고백이라고 할 수 있다. 죽는 날까지 하늘을 우러러 한 점 부끄럼이 없는 삶을 산 그는 진정 최선의 삶을 산 사람이다.

죽는 날까지 하늘을 우러러
한 점 부끄럼이 없기를,
잎새에 이는 바람에도
나는 괴로와했다.
별을 노래하는 마음으로
모든 죽어가는 것을 사랑해야지.
그리고 나한테 주어진 길을
걸어가야겠다.

오늘 밤에도 별이 바람에 스치운다.

 예화와 관련된 말씀

이는 우리가 다 반드시 그리스도의 심판대 앞에 나타나게 되어 각각 선악간에 그 몸으로 행한 것을 따라 받으려 함이라(고후 5:10).

12 | 환상을 좇는 어리석은 자

크롬웰(Cromwell)은 영국의 유명한 장군이자 정치가이며 수상까지 역임한 바 있는 사람이다. 그런데 그는 어느 날 자신에게 있어 가장 인기가 많고 최고의 권력을 가졌을 때 갑자기 은퇴를 선언했다.

크롬웰이 그의 가장 가까운 부하 직원에게 이렇게 말했다.

"나는 이제 내 시골로 돌아가고 싶네. 이제부터는 작은 교회에서 사람들에게 말씀을 가르치며 조용히 주님을 섬기고 싶어."

그의 부하 직원은 고개를 갸우뚱거리며 "수상 각하, 각하께서는 아직 충분히 능력이 있고 많은 일을 할 수 있는데 왜 이 모든 것을 포기하고 시골로 떠나려고 하십니까?"라고 물었다. 그러자 그는 힘차고 단호한 어조로 이렇게 대답했다.

"나는 결코 환상을 좇지 않네. 오직 주님의 뜻을 좇고자 하네."

크롬웰에게는 사람들이 갈망하는 권력이나 존경받는 것이 환상 같은 것이었다. 그에게 더욱 중요한 것은 오직 하나님의 뜻이었다.

그리고 아이들이 즐겨 보는 동화책 중에 이런 이야기가 있다.

어느 맑은 날에 엄마와 어린 딸이 넓은 들판으로 소풍을 나왔다. 아이가 꽃 사이로 날아다니는 나비를 보고 잡으려고 쫓아가자 어머니는 딸에게 급하게 소리 질렀다.

"안 돼, 거기로 가면 안 된다."

어머니는 아이가 나비를 보느라고 바로 앞에 있는 절벽을 보지 못한 것을 알고 소리 지른 것이다.

우리가 추구하고 바라보는 권력과 성공의 바로 건너편에는 어쩌면 인격의 파멸과 영혼의 파멸이 기다리고 있을지 모른다. 이런 환상을 좇다가 정말 중요한 것을 잃을 수 있다.

 예화와 관련된 말씀

이 세상도, 그 정욕도 지나가되 오직 하나님의 뜻을 행하는 자는 영원히 거하느니라(요일 2:17).

13 | 흔들리지 않는 신앙

번역 선교사인 타우센트(Townsend)는 남미를 전도하는 중에 돈 빌레모라는 한 원주민 젊은이를 만나 복음을 전했다. 그 젊은이는 복음을 받아들여 그리스도인이 되었을 뿐만 아니라 복음 전도자가 되기로 결심했다. 그 후 전도자가 된 돈 빌레모는 열심히 복음을 전하고 주님을 위해 최선을 다해 일했다. 그런데 어느 날 그가 타우센트 선교사에게 찾아와 이렇게 말했다.

"선교사님, 전 이제 사표를 내겠습니다."

"왜 사표를 내려고 하지요?"

"저는 전도가 이렇게 어렵고 힘든지 몰랐어요. 전도하기가 너무너무 힘들어요. 이제 사람들이 욕하는 소리와 고함 소리, 그리고 그들의 비난을 견딜 수가 없어요. 제가 왜 그런 비웃음을 받아가면서 전도해야 하지요?"

이 젊은 전도자인 돈 빌레모의 불평을 듣고 있던 타우센트가 말했다. "돈 빌레모, 당신이 예수님을 영접하고 나서 그때 당신은 '주님께서 저를 복음을 전하는 자로 부르십니다.'라고 말하지 않았습니까?"

"네, 그랬습니다."

"그렇다면 나는 그 사표를 받을 수 없습니다. 왜냐하면 주님께서 당신을 부르셨으니 그 사표를 받을 수 있는 분도 주님뿐입니다. 주님 앞에 직접 사표를 내십시오."

청년은 기어 들어가는 목소리로 이렇게 말했다.

"제가 주님께 사표 낸다고 말씀드리면 아무래도 안 받으실 것 같은데요."

그러자 선교사는 기다렸다는 듯이 크게 호통을 쳤다.

"주님께서 사표를 받으시지 않으신다면, 그 분은 아직도 당신이 복음 전하기를 원하신다는 뜻이 아닙니까?"

젊은이는 마음의 감동을 받아 곧 이렇게 대답했다.

"아! 그렇군요. 선교사님 말씀이 맞습니다." 그는 곧장 일어나서 다시 기도하기 시작했고 성령 충만한 가운데 복음 전도의 길을 걸어갔다.

 예화와 관련된 말씀

> 내 안에 거하라 나도 너희 안에 거하리라 가지가 포도나무에 붙어 있지 아니하면 스스로 열매를 맺을 수 없음 같이 너희도 내 안에 있지 아니하면 그러하리라(요 15:4).

14 평신도 신앙성숙비결 "이색주장"

분주한 일상생활에 쫓기는 현대의 크리스천들. 특히 직장을 가진 평신도들의 신앙성숙을 돕는 가장 좋은 방법은 이들이 교회에서 봉사할 수 있는 자리를 마련해주는 것이라는 이색적인 주장이 제기됐다.

바쁜 사람들일수록 교회에서 자원봉사를 하도록 유도해야 한다는 "눈에는 눈, 이에는 이"의 전략이다.

미국의 교회성장다이제스트(CGD)는 최근 "일반인들은 바쁘다는 핑계로 기도나 성경을 읽는 일을 게을리 하는 반면 교회에서 교사 성가대 상담요원 등으로 봉사하는 사람들은 아무리 바빠도 신앙생활을 등한시하지 않는다."며, "사회생활로 바쁜 사람들을 교회를 위해 바쁜 사람들로 만들어야 한다."고 주장했다.

실제로 CGD가 미국의 직장인 크리스천 3백18명을 상대로 조사한 설문에 따르면 교회에서 봉사하지 않는 응답자 가운데 53%가 "가장 바쁠 때 중단해도 좋은 일"로 "하나님과의 교제시간을 줄인다."를 꼽은 반면, 교회봉사를 하는 응답자 가운데는 3%만이 "바쁠 때 신앙생활을 위한 시간을 줄인다."고 응답한 것으로 나타났다.

이를 토대로 CGD의 한 관계자는 "직장을 가진 평신도들의 신앙성숙을 위해 교회는 다양한 직무를 개발, 자원봉사자를 양성해야 한다."며 "직업을 살려 무료진료 세무 상담이,미용 스포츠교실 컴퓨터강습 꽃꽂이교실 문화강좌 등에서 봉사할 수 있도록 유도해야 한다."고 덧붙였다.

 예화와 관련된 말씀

우리 하나님이여 그들을 징벌하지 아니하시나이까 우리를 치러 오는 이 큰 무리를 우리가 대적할 능력이 없고 어떻게 할 줄도 알지 못하옵고 오직 주만 바라보나이다 하고(대하 20:12).

15 | 겉보기와 다르다

남아프리카의 한 인쇄업체에서 미국 시카고의 유명 회사로부터 인쇄기 한 대를 비싼 값에 지불하고 수입했다. 그런데 얼마 지나지 않아 인쇄기에 문제가 생겼는지 작동이 되지 않았다.

그래서 미국의 인쇄기 판매업체에 문의해서 나름대로 손을 대보았지만 문제를 해결할 수 없었다. 결국 미국 시카고 회사에서 현지로 전문가를 파견해 줄 것을 요청했다.

얼마 후에 한 명의 전문가가 남아프리카 공항에 도착했는데, 그를 본 현지인들은 모두 당황하고 말았다. 그 이유는 파견되어 나온 전문가가 20대 정도밖에 보이지 않는 너무나 젊은 사람이기 때문이었다.

현지인들 생각에는 어떻게 저런 애송이가 우리도 해결 못한 이 문제를 해결할 수 있을 것인가 의아해 했다. 그들은 미국에 다시 이런 내용의 팩스를 보냈다.

"우리는 지금 시간이 없소. 그러니 노련한 전문가를 다시 파견해 주시오."

이런 내용의 팩스에 대하여 시카고 회사에서는 단 세 줄로

답신을 보내왔다.

"당신들이 겉모습으로만 어리게 판단한 그 젊은이가 바로 그 기계를 설계한 장본인입니다. 그 사람만이 그 기계를 고칠 수 있습니다. 아무 말 말고 그의 지시에 절대적으로 따르십시오."

 예화와 관련된 말씀

그는 몸인 교회의 머리시라 그가 근본이시요 죽은 자들 가운데서 먼저 나신 이시니 이는 친히 만물의 으뜸이 되려 하심이요(골 1:18).

16 | 그릇된 적용

내가 맨 처음으로 목회를 시작한 곳은 경기도의 자그마한 어느 시골 교회였다. 그 당시에는 처음으로 설교를 하는 시기였기 때문에 나의 설교가 청중들에게 어떤 반응을 일으킬 것인가에 대해 매우 민감했었다.

시골 교회에 내려간 지 서너 주간이 지난 어느 주일날 "사람들이 어떻게 하나님의 영생을 체험할 수 있을 것인가"에 대한 설교를 했다.

그날 나는 "구하고, 찾고, 문을 두드리면 반드시 주님께서 영원한 생명을 주시는 감격스러운 체험을 하게 될 것이라"는 내용으로 결론을 맺고 설교를 끝냈다.

예배 후에 문 앞에 서서 예배를 마치고 나오는 성도들 한 명 한 명에게 인사를 하는데 한 청년이 설교에 은혜를 많이 받았다며 이렇게 얘기하는 것이었다.

"전도사님의 설교 마지막 부분 중에 구하고 찾고 문을 두드리고 기도하면 된다는 말씀이 저에게 큰 격려가 되었습니다. 이제 말씀대로 전도사님께서 저희 집에 오셔서 아파서 죽게 된 돼지를 위하여 안수 기도를 해 주시면 좋겠습니다."

그 청년은 구하고 찾고 문을 두드린다는 말을 안수기도를 받으면 모든 일이 다 해결된다는 뜻으로 받아들인 것이었다. 나는 그때처럼 마음에 커다란 허탈감을 느껴 본 적이 없었다.

 예화와 관련된 말씀

거룩한 것을 개에게 주지 말며 너희 진주를 돼지 앞에 던지지 말라 그들이 그것을 발로 밟고 돌이켜 너희를 찢어 상하게 할까 염려하라(마 7:6).

17 | 진리를 무시한 군중심리

어떤 심리학자는 군중 심리가 개인의 결정에 미치는 영향을 연구하기 위해 한 실험을 했다.

실험내용은 이러했다. 비슷한 크기의 두 판에 하나는 검은색으로 칠하고 또 다른 하나는 회색으로 칠했다. 그리고는 선생님과 50명의 학생 중 40명의 학생들끼리만 미리 약속을 했다. 그 약속은 이러했다.

선생님이 "어느 판이 검은색입니까?"라고 물으면 40명의 학생 모두가 회색 판을 가리키기로 한 것이다. 이때 나머지 10명의 학생들이 어떠한 반응을 나타내는가를 보는 실험이었다.

심리학자는 이 실험을 열 번에 걸쳐 실시하였다. 처음에는 열 명 모두가 진짜 검은색 판을 가리켰다. 그러나 계속 실험을 반복하자 마지막에 가서는 한 명의 학생을 제외하고는 나머지 9명이 모두 회색을 검은색이라고 가리켰다.

이 실험을 통해서 대부분의 사람들이 어떤 결정을 내릴 때 진리를 좇기보다는 다수의 의견에 따라 결정한다는 것을 알 수 있었다.

"바보 아니야? 어떻게 저런 것에 넘어가?..."라고 생각하는 사람도 있을 것이다.

그러나 자신도 모르게 군중심리에 휩쓸리는 경우는 생각보다 많다.

자기 주관이 뚜렷하고 확고한 사람이어도 아차하면 휩쓸린다. 혹은 휩쓸리지 않고 자기 철칙을 따르도록 군중들이 가만 보고 있지 않는 경우도 많다. 혹은 현대 사회에선 '진리'를 따르는 사람이 바보가 되는 일이 많다. 그 바보가 되는 것의 기준 또한 '군중심리'가 작용한다는 것이다.

 예화와 관련된 말씀

무리가 일제히 소리 질러 이르되 이 사람을 없이하고 바라바를 우리에게 놓아 주소서 하니 (눅 23:18).

진리를 알지니 진리가 너희를 자유롭게 하리라(요 8:32).

18 | 참된 신앙

유명한 전도자인 빌리 그래함(Billy Graham) 목사에게 한 성도가 다가와서 이렇게 질문을 하였다.

"목사님! 안식일에 소가 구덩이에 빠진다면 건져내야 할까요? 아니면 그냥 두고 교회에 가야 할까요?"

그러자 빌리 그래함 목사가 대답했다.

"당연히 그 소를 건져내야 하겠지요. 그러나 안식일마다 계속 구덩이에 빠지거든 제발 그 소를 팔아 치우십시오."

빌리 그래함 목사는 그 사람에게 안식일에 무엇을 어떻게 하느냐가 중요한 것이 아니라 이와 같은 날들을 통해서 이 모든 것이 주님의 것이라는 헌신과 성별의 교훈을 배울 수 있다는 점을 가르쳐 준 것이다.

또한 워싱턴에 미국의 유명한 정치인이요, 학자요, 언론인이었던 다니엘 웹스터라는 사람이 살고 있었다. 그런데 웹스터는 같은 시에 있는 큰 교회에 나가지 않고, 언제나 시골의 작은 교회만 찾아 다녔다고 한다. 어떤 사람이 그에게 물었다.

"웹스터 씨, 왜 그렇게 하십니까?"

웹스터는 이렇게 대답하였다.

"내가 시내의 내 얼굴을 아는 교회에 나가면 목사들이 정치인 웹스터한테 설교를 한단 말입니다. 그런데 나를 모르는 곳에 가면 내게 필요한 소리 '죄인 웹스터가 어떻게 변화되어야 하는가'를 들려줍니다. 이것이 제가 듣고 싶은 설교입니다."

 예화와 관련된 말씀

하나님이 세상을 이처럼 사랑하사 독생자를 주셨으니 이는 저를 믿는 자 마다 멸망치 않고 영생을 얻게 하려 하심이니라(요 3:16).

19 | 신앙의 선택은 영원을 좌우 한다

두 불구자 청년이 있었다. 한 청년은 축구, 레스링, 권투 등 만능선수로 알려진 라이트(Kenneth Wright)라는 청년인데, 그는 1979년 권투 시합에서 하반신을 못 쓰는 불구가 되었다. 의사는 몇 해 훈련을 받고 보조기를 쓰면 혼자 걸을 수 있다고까지 했지만 1982년 권총으로 자살하고 말았다.

다른 한 청년은 유명한 맥고원(Jim Megowan)이다. 그는 불량배들에게 칼에 맞아 역시 하반신이 마비되는 불구자가 되었다.

그러나 장애를 굴하지 않고 투지와 노력을 갖고 살았다. 포코노 호수에서 낙하산 점프의 묘기를 보였고, 취사와 세탁 청소를 혼자하며 특별장비의 자동차를 운전하고 다녔다. 그는 또한 스포츠에 관한 세 권의 사진첩도 출판했다.

똑같이 힘든 상황이었지만 한 명은 죽음을 선택했고, 한 명은 생명을 선택했다.

우리의 생명은 오직 한 번의 선택만 있다. 그들의 순간의 선택이 육신의 삶을 연장 받느냐 못 받느냐 하는 선택이었던 것이다. 하지만 우리는 영원을 선택해야만 한다. 신앙은 바로 영원을 좌우하기 때문이다.

"육신의 생각은 사망이요 영의 생각은 생명과 평안"이라고 하셨으니 모든 판단과 선택은 하나님의 말씀을 기준으로 하면 실패가 없을 것이다.

이것은 정말 중요한 선택인데, 평생이 아니라 영원을 좌우하는 선택이다. 영원한 지옥이냐? 영원한 천국이냐?

 예화와 관련된 말씀

상심한 자들을 고치시며 그들의 상처를 싸매시는도다(시 147:3).

예수께서 가라사대 내가 곧 생명의 떡이니 내게 오는 자는 결코 주리지 아니할 터이요 나를 믿는 자는 영원히 목마르지 아니하리라(요 6:35).

20 | 전력투구하는 신앙

심전경작(心田耕作)이란 말이 있다. 우리의 마음 밭을 가는 것이다. 무사안일 속에서는 반드시 실패와 고뇌와 불행의 운명을 겪게 된다.

센트럴 아메리카호가 뉴욕을 떠나 샌프란시스코로 향하고 있었다. 그런데 바다 한 가운데서 배의 밑바닥에 구멍이 뚫렸다. 바닷물이 조금씩 스며들었다. 그때 구조선 한척이 다가와 외쳤다.

"승객들이 위험하다. 승객들을 빨리 구조선에 옮겨 태워라."

아메리카호의 선장은 별로 걱정하는 빛이 없었다.

"바닥에 구멍이 뚫린 것은 사실이다. 그러나 내일 아침까지는 견딜 것이다. 너무 걱정하지 마라."

배는 점점 가라앉고 있었다. 구조선의 선원들이 거듭 경고의 메시지를 보냈다. 그러나 선장은 여전히 태연했다.

"지금은 어두운 밤이다. 배를 옮겨 타는 과정에서 익사자가 나올 수도 있다. 내일 아침까지만 기다리자."

이튿날 아침 센트럴 아메리카호는 흔적도 없이 바닷물에

가라앉았다. 선장의 무사안일이 빚은 참사였다. 신앙도 마찬가지다. 사탄이 즐겨 사용하는 무기는 '적당히 살라'이다. '안식'과 '안일'은 분명히 구별되어야 한다. 아모스 선지자는 "화있을진저 시온에서 안일한 자들이여"(암 6:1)라고 경고하고 있다. 신앙생활에 게으르지 않고 전력투구하는 성도들이 되어야겠다.

 예화와 관련된 말씀

게으름이 사람으로 깊이 잠들게 하나니 태만한 사람은 주릴 것이니라(잠 19:15).

21 | 오직 하나님의 영광을 위해

찬송가 345장에 보면 '주 하나님 늘 믿는 자 그 집이 든든하고 주 예수를 의지하니 천국이 내 것이라…저 원수들 길 막아도 나 용기 보이리니 내 주 예수 권능으로 원수를 물리치리…주 내 친구 참 위로자 늘 나를 도우시니 이 비천한 내 삶에서 주 의지 하옵니다'

주님께 내 삶을 온전히 의탁한다는 이 찬송은 바흐(Bach, Johann Sebastian)가 작곡한 것이다.

바흐는 어릴 때 부모님이 돌아가셨고, 자신을 맡아 키워주던 형에게도 버림받았다. 고아처럼 자라다가 마리아라는 여인과 결혼하여 7명의 자녀를 낳았는데, 7번째 자녀를 낳는 날 아내는 아이를 낳고 죽었다. 다시 '안나' 라는 여인과 재혼하여 아들만 11명, 딸 9명을 낳지만 그 중 10명은 어려서 죽고 자녀 중에 정신박약아도 있었다. 노년에는 장님이 되었고, 설상가상 뇌출혈로 인해 반신불수가 되었다.

앞은 보이지 않고 반신불수가 된 몸은 자신의 마음대로 움직여 주지 않는 처절한 상황 속에서 바흐는 하나님만 철저히 의지했다. 이 시기에 바흐가 만든 찬송 곡은 모두 불후의 명작이 되었다.

바흐는 자신이 작곡한 모든 곡의 끝에는 'S.D.G'(Sola Deo Gratia '오직 하나님의 영광을 위해')라는 싸인을 했으며 오르간 연주곡을 만든 후에는 'I.N.J'(In the Name of Jesus '예수 이름으로')라는 싸인을 했다.

어쩌면 그의 생이 불행해 보일 수도 있지만 그 당시의 음악가 중 존 세바스찬 바흐를 모르는 사람이 없었다. 그의 후손들 중에서 50명의 위대한 작곡가, 음악가가 생겨났다. 이것이 신앙의 힘이다. 이런 신앙의 힘을 가지고 사는 사람은 아름다운 인생을 디자인 할 수 있다.

 예화와 관련된 말씀

나로 말미암아 하나님께 영광을 돌리니라(갈 1:24).

22 | 백화점 왕 존 워너 메이커

여름 장마철만 되면 비가 새서 빗물이 떨어지고, 진입로는 비포장으로 질퍽거려 구두를 다 버리기 일쑤인 교회가 있었다. 그러나 누구 하나 비가 새는 교회를 다시 짓거나 길을 포장할 생각도 하지 않았다.

그러던 어느 날 목사님이 주일 아침에 보니까 진입로에 벽돌 20장이 깔려 있었다. 다음 주일에 보니까 또 벽돌 20장이 깔려 있었다.

'누가 했을까? 내가 한 번 알아봐야겠다.'고 생각한 목사님이 주일날 이른 새벽에 보니까 13살의 소년이 리어카에 벽돌을 싣고 와서 정성스럽게 길에 깔고 있었다.

소년이 말하기를 "목사님 제가 일주일에 700원의 돈을 받는데, 이 돈으로 매주 20장의 벽돌을 깔면 2년이면 이 진입로를 다 포장할 수 있어요."

목사님의 눈에 눈물이 핑 돌았다. 이 모습을 본 어른들도 감격해서 비가 새는 교회를 다시 짓고 포장도 깨끗하게 깔게 되었다.

이 소년이 커서 각 도시마다 백화점을 세운 백화점계의 거부 존 워너 메이커가 되었다. 그에게는 3대 신앙의 표어가 있다.

Thinking, Trying, Trusting in God! (하나님 안에서 생각하고, 실천하고, 신뢰하자!)

 예화와 관련된 말씀

네가 이 세대에서 부한 자들을 명하여 마음을 높이지 말고 정함이 없는 재물에 소망을 두지 말고 오직 우리에게 모든 것을 후히 주사 누리게 하시는 하나님께 두며 선을 행하고 선한 사업을 많이 하고 나누어 주기를 좋아하며 너그러운 자가 되게 하라 이것이 장래에 자기를 위하여 좋은 터를 쌓아 참된 생명을 취하는 것이니라(딤전 6:17~19).

23 | 벤자민 프랭클린의 13가지 덕목

- 절제 : 과음 과식을 하지 않는다.
- 과묵 : 불필요한 말을 하지 않는다.
- 질서 : 모든 것을 제자리에 두고, 주어진 일을 제때에 한다.
- 결단 : 해야 할 일은 꼭 하겠다고 결심하고, 반드시 실천한다.
- 검약 : 다른 사람 혹은 나게 유익한 것 외에는 돈을 쓰지 않는다.
- 근면 : 시간을 헛되이 보내지 않고, 항상 유익한 일만하며, 불필요한 행동 역시 삼간다.
- 진실 : 남을 속이지 않으며 순수하고 정당하게 생각한다.
- 정의 : 다른 사람에게 손해를 입히지 않고 나의 유익도 놓치지 않는다.
- 온 유 : 극단적인 것을 피한다.
- 청 결 : 몸, 의복, 생활을 깨끗하게 한다.
- 평상심 : 사소한 일로 마음을 흩트리지 않는다.
- 순 결 : 건강이나 후손을 두는 목적 이외의 성생활은 절제하며 자신과 상대방의 인격을 해치지 않는 범위에서 유지한다.
- 겸 손 : 예수와 소크라테스를 본받는다.

벤자민은 자신이 만든 13가지 덕목을 수첩에 표를 만들어 체크했다. 표의 가로축에는 요일을, 표의 세로축은 13가지 덕목을 기록했다. 가로와 세로가 교차되는 각 칸에 그 날 덕목을 잘 지키지 못했다고 판단되면 검은 점을 그려 놓았다. 그리고 일주일 단위로 보다 집중적으로 지킬 덕목도 정해서 그것을 습관화하려고 노력했다.

그것을 1년 동안 계속하다 보니, 어느덧 각 덕목들을 적어도 4회씩 집중적으로 습관화한 셈이 되었다. 시간이 지나면서 점이 줄어들었고, 그것을 확인할 때마다 벤자민은 마치 인품의 검은 점이 줄어드는 것 같은 기쁨을 느낄 수 있었다. 물론 처음에는 천성적인 기질을 극복하기 어려웠다.

그러나 이와 같은 습관화 훈련을 평생 동안 계속한 결과 50년이 지난 후 13가지 덕목이 어느덧 자연스럽게 그의 성품이 되었다.

예화와 관련된 말씀

> 오직 성령의 열매는 사랑과 희락과 화평과 오래 참음과 자비와 양선과 충성과 온유와 절제니 이같은 것을 금지할 법이 없느니라(갈 5:22,23).

24 | 일본인의 신앙관

일본인들은 신이나 영적인 대상에 대해 일반적인 신앙을 지니고는 있지만 종교에 대한 열심은 부족한 것으로 드러났다.

도쿄신문의 여론 조사에 따르면 "신이나 부처의 존재를 믿는가?"란 질문에 대해 58.9%가 "믿고 있다", "어느 정도 믿고 있다"고 응답했으나, "신앙생활을 열심히 하고 있다"는 대답은 9%에 불과했다.

연령별로는 60세 이상의 고령자들이 신이나 부처의 존재를 믿고 있는 반면 젊은이들은 초능력 등 영적인 현상을 추구하는 경향이 강해, 20대의 62%가 "과학적으로 설명하기 힘든 불가사의한 힘"을 신뢰한다고 응답했다.

종교의 일반적인 인상에 대해서는 「마음, 정신」(51.1%), 「전통행사, 관혼 상제」(17.1%), 「돈」(9.6%), 「수행」(6.2%) 등의 순으로 나타났다.

"종교라고 할 때 어떤 종교가 먼저 생각되는가?"라는 종교인지도에 관한 질문에는 "기독교, 신도, 불교" 등 전통적인 종교가 74%로 높게 나타났으며 최근 기승을 부리고 있는 신흥종교는 11%로 드러났다.

옴진리교 등 신흥 종교에 대한 인상에 대해서는 「배금주의」(60.1%), 「집요한 전도활동」(45.9%), 「두려운 느낌」(37%)등으로 응답됐다. 신흥종교에 젊은이들이 몰입하는 이유에 대해서는 「판단력 결여」(24.8%), 「초능력에 대한 관심」(23.2%), 「윤리의 결여」(20.4%), 「가정의 붕괴」(18.6%) 등으로 나타났다.

옴진리교 사건으로 관심이 높아진 종말에 대해서는 18%만이 「믿는다」, 「어느 정도 믿는다」로 응답, 비교적 낮은 수치를 보였으며 83%가 신앙의 자유 등을 명기한 현행 종교인법을 고쳐야 한다고 응답했다.

예화와 관련된 말씀

다른 이로써는 구원을 받을 수 없나니 천하 사람 중에 구원을 받을 만한 다른 이름을 우리에게 주신 일이 없음이라 하였더라(행 4:12).

25 | 신앙이 병들어 갈 때

 루이벌 의과대학 정신과 교수인 레인 오츠(Layne Oates) 박사는 「신앙이 병들어 갈 때」라는 책 속에서 신앙이 병들면 다음과 같은 현상이 나타난다고 하였다.

 첫째로 믿음이 병들면 평안과 기쁨이 사라진다고 했다. 교회 가도 즐거움이 없고, 직장에 가도 즐거움이 없고, 학교에 가도 즐거움이 없고, 가정으로 돌아가도 평안을 느끼지 못한다면 이것은 신앙이 병든 것이다.

 둘째로 신앙이 병들면 불안해져 설교가 귀에 들어오지 않는다고 했다.

 설교가 듣기 싫고 귀에 거슬리고 거부감이 생기며 은혜가 되지 않으면 신앙이 병들고 있다는 증거로 우리 육체가 병들면 밥맛이 없듯이 하나님의 말씀의 맛이 떨어지는 것이다.

 셋째 신앙이 병들면 희망보다 실망과 절망이 앞선다. 신앙이 병들면 구원의 확신이 없어지는데 구원의 확신이 사라지니 희망이 있을 리가 없다. 그러니 불안해지고 긍정적인 생각보다 부정적인 생각이 강하게 심령을 지배하니 낙심하고 좌절할 수밖에 없다. 그래서 두려움과 공포가 앞선다.

넷째 신앙이 병들면 능력이 소멸된다. 제자들도 믿음이 떨어졌을 때 능력이 소멸되었다.

다섯째 신앙이 병들면 하나님보다 사람을 더 의지한다.

여섯째 신앙이 병들면 교회와 멀어지고 교역자와 멀어진다.

일곱째 신앙이 병들면 순종하지 않는다.

 예화와 관련된 말씀

망령되고 허탄한 신화를 버리고 경건에 이르도록 네 자신을 연단하라 육체의 연단은 약간의 유익이 있으나 경건은 범사에 유익하니 금생과 내생에 약속이 있느니라(딤전 4:7,8).

03
신앙의 가치

이는 아브라함이 내 말을 순종하고 내 명령과 내 계명과 내 율례와 내 법도를 지켰음이라 하시니라 (창26:5).

01 "최후의 만찬"의 진실

레오나르도 다빈치(*Leonardo da Vinci*)의 명작인 최후의 만찬이 어떻게 해서 그려졌을까? 최후의 만찬은 그의 나이 43세 때에 밀라노의 어떤 백작의 요청에 따라 3년 동안 심혈을 기울여 만들어졌다고 한다. 그 그림은 예수님이 중앙에 앉아 계시고 제자들이 양옆에 앉아서 함께 마지막 식사를 하는 장면이다.

그런데 "최후의 만찬" 그림에는 잘 알려지지 않은 사연이 있다. 본래 처음 그림에는 예수님께서 오른 손에 컵을 들고 계셨다고 한다. 현재 그림은 그렇지 않다. 왜 그렇게 되었을까?

작품이 완성될 무렵 다빈치는 친구에게 그림을 보여주었는데 그 친구가 대뜸 "다빈치, 여기 예수님이 든 컵은 꼭 진짜 같은데"라고 말했기 때문이다. 대수롭지 않은 말일 수 있겠지만 다빈치에게는 예수님보다 더 중요하게 드러나는 부분이 있어서는 안 된다고 생각했다.

그렇기 때문에 당장 진짜 같이 보이는 컵을 지워버리고 예수님의 팔이 가만히 탁자 위에 올라가 있는 모양으로 그림을 수정했던 것이다.

우리 인생의 도화지에 그려진 그림들 가운데 그리스도보다 더 중요하게 드러나 있는 것은 없는가? 신앙의 어려움은 삶의 초점이 그리스도에게서 멀어질 때부터 시작된다.

예화와 관련된 말씀

그 후에 내가 내 신을 만민에게 부어 주리니 너희 자녀들이 장래 일을 말할 것이며 너희 늙은이는 꿈을 꾸며 너희 젊은이는 이상을 볼 것이며(욜 2:28).

02 | 신앙만 있다면

어떤 책에 다음과 같은 이야기가 있다. 어느 나라에 공처가 선발대회가 열렸다.

"누가 진정한 공처가인가!"

진정한 공처가를 가려내기 위해서 빨간색 깃발과 노란색 깃발을 꽂아 놓고 수없이 몰려든 공처가들에게 심판관이 다음과 같이 선언했다.

"당신들이 정말 공처가라고 생각하면 노란 깃발 앞으로 모이시오."

거의 모든 사람들이 다 노란 깃발 앞으로 가는데 한 사람만 빨간색 깃발 앞에 외롭게 서 있었다. 심판관이 그 사람에게 왜 그렇게 혼자 그 쪽에 서 있느냐고 물었다. 그 사람이 대답하기를 "내 아내가 사람이 많이 모이는 곳에는 가지 말라고 했습니다."

표적이 부족해서 믿을 수 없다고 주장하는 사람들은 영원히 신앙 안에 들어가지 못할 것이다. 구약성경에서 이스라엘 백성들은 얼마나 많은 하나님의 표적을 목격했는가? 그러고도 그들이 철저한 불신앙 속에 머물러 있었던 것을 보

라. 표적이나 눈에 보이는 어떤 현상도 어디까지나 자기의 주관적인 체험에 불과하다. 자기의 지식이나 생각, 판단도 주관적인 것에 불과하다. 그러나 십자가에 못 박히신 그리스도, 역사가 증명하고 하나님의 말씀이 증언한 그 그리스도만은 우리의 진정한 신앙의 대상이다.

 예화와 관련된 말씀

그는 흥하여야 하겠고 나는 쇠하여야 하리라 하니라(요 3:30).

시몬 베드로가 대답하여 이르되 주는 그리스도시요 살아 계신 하나님의 아들이시니이다(마 16:16).

03 | 고집쟁이 신앙인

신앙이 돈독한 사람이 있었다. 그는 열심히 기도하는 가운데 의롭게 살려고 노력했다. 자기 생각에는 세상 사람들과 접촉을 피하는 것이 죄를 덜 범하는 것이라 생각되어 언덕 위에 따로 집을 짓고 살았다.

어느 날 비가 내리기 시작했다. 처음에는 그냥 비가 오나 보다 했는데 그 비는 그칠 줄을 몰랐다. 홍수 경보가 발표되었고, 빨리 안전지대로 피하라고 라디오에서는 계속 방송이 나왔다. 남들은 다 안전지대로 피난을 가는데 이 사람은 하나님께 기도만 드리고 있었다. 기도가 끝나갈 무렵, 누군가 문을 두드리는 소리가 들렸다. 나가보았더니 어떤 청년이 트럭을 가지고와서 빨리 트럭에 올라타라고 했다. 빨리 안전지대로 피난을 가자고 했지만 그 사람은 자기는 하나님께서 직접 구원해주실 터이니 염려 말라고 하면서 트럭을 돌려보냈다. 그리고는 또 기도만 하는 것이었다. 억수같은 비는 이내 차고 넘쳐 사방이 물바다가 되었다. 그때 밖에서 문을 두드리는 소리가 났다. 나가보니 어떤 사람 하나가 조그만 보트 하나를 가지고와서 얼른 타라고 하는 것이었다. 커다란 방주

라면 몰라도 그 조그만 보트에 탈 수는 없었다. 그 사람은 계속해서 기도했다. 한참 기도하고 있는데 지붕 위에서 요란한 소리가 들려왔다. '아, 이제는 하나님이 직접 오셔서 구원해주시는가' 보다 하고 나가보니 헬리콥터 한 대가 지붕 위에 떠 있는데 밧줄 한 가닥이 내려져 있고 위에서 빨리 잡으라고 하는 것이었다.

그러나 그 밧줄에 매달릴 수가 없었다. 마침내 언덕은 물바다로 변하고 그 집도 물에 잠겨 붕괴되었으며, 그도 물에 빠져 죽었다. 다행인 것은 그가 죽어서 예수님 앞에 인도되었던 것이다. 그는 화가 났다. 주님을 보자마자

"제가 얼마나 기도드렸는데 그럴 수 있습니까?" 하고 따졌다. 그때 주님이 하시는 말씀이 "이 고집쟁이야, 내가 세 번이나 너를 구원하려고 트럭도 보내고, 보트도 보내고, 헬리콥터도 보냈는데 네가 거절했으면서 무슨 소리냐!" 하시더라는 것이었다.

 예화와 관련된 말씀

> 어떤 사람은 말하기를 너는 믿음이 있고 나는 행함이 있으니 행함이 없는 네 믿음을 내게 보이라 나는 행함으로 내 믿음을 네게 보이리라 하리라(약 2:18).

04 | 예수 그리스도가 없는 사람

예수 그리스도가 없는 사람은 영적으로 죽은 사람과 같다. 영적 죽음에는 다음과 같은 특징들이 있다.

1. 활동이 없다. 영으로 죽은 사람은 하나님과 영생에 대하여 무능력하다.

2. 감각이 없다. 죄와 더러운 양심으로 꽉 차 감각이 없다.

3. 냄새가 난다. 영적으로 죽은 사람은 죄와 사망의 냄새가 난다.

4. 매장되어 있다. 어떤 사람은 정욕과 악습과 죄의 무덤에 매장되어 있다. 술과 음탕에 빠진 사람들은 모두 매장된 자들이다. 더러운 무덤이나 깨끗한 무덤이나 똑같이 무덤에 불과한 것처럼, 아름다운 사람이든 추한 사람이든 주님이 없는 사람은 무덤에 매장되어 있는 것이다.

5. 묶여 있다. 여러 가지 근심, 불안, 사람들의 평가에 묶여 있다.

6. 다른 사람과 교제가 없다. 진정 마음을 열고 생명을 나누지 못한다. 죽은 자들에게는 생명 이외에는 아무것도 소용없다.

예화와 관련된 말씀

너희 안에 이 마음을 품으라 곧 그리스도 예수의 마음이니 그는 근본 하나님의 본체시나 하나님과 동등됨을 취할 것으로 여기지 아니하시고 오히려 자기를 비워 종의 형체를 가지사 사람들과 같이 되셨고 사람의 모양으로 나타나사 자기를 낮추시고 죽기까지 복종하셨으니 곧 십자가에 죽으심이라 이러므로 하나님이 그를 지극히 높여 모든 이름 위에 뛰어난 이름을 주사 하늘에 있는 자들과 땅에 있는 자들과 땅 아래에 있는 자들로 모든 무릎을 예수의 이름에 꿇게 하시고 모든 입으로 예수 그리스도를 주라 시인하여 하나님 아버지께 영광을 돌리게 하셨느니라(빌 2:5~11).

05 | 공짜 신앙생활

 당신은 그리스도인으로서 이번 주에 어떤 희생을 치렀는가?

 이 질문에 "이번 주에 교회에 두 번 갔습니다."라고 대답할지도 모른다. 그렇다면 나는 당신이 집에 있을 때만큼 재미를 보려고 교회에 간 것이라고 따끔하게 지적하고 싶다. 교회에 가서 친구들과 즐겁게 놀았으니 그곳에 가는 것이 즐거운 일이 아니겠는가? 즐기고 놀았으니 전혀 희생하지 않았다. 우리는 희생하지 않고 편한 일만 하려고 한다. 이런 모습을 반성해야 한다. 내가 하고 싶은 말은, 하나님을 믿는다고 고백하는 수많은 그리스도인이 아무 대가도 치르지 않고 공짜로 신앙생활을 하려는 아주 영악한 부류라는 것이다.

 우리는 고난 받고 땀과 피를 흘리며 죽는 일에 대해선 예수님께 재빠르게 떠넘긴다. 그분이 고난과 죽음을 통해 맺은 모든 열매를 오직 믿음을 통해 우리의 것으로 만들려고 한다. 이것을 '매우 현명한 거래'라고 여긴다. 이렇게 수지 맞는 거래를 한 우리는 스스로 대견스러워 등을 두드리며 다시 편한 일과 습관을 향해 쏜살같이 질주한다.

나의 이런 비판이 기독교인들에게 인기가 없겠지만, 오늘날 교회의 상태를 다음과 같이 진단한다.

"복음주의적 교회에 다니는 교인들은 기독교를 통해 즐겁고 재미있는 시간을 보낸다. 게다가 덤으로 성경적 경건의 모양을 갖출 수 있는 기회마저 얻는데, 오늘날 그것마저 미미한 수준에 머물고 있다."

- 「내 자아를 버려라」/ A. W. 토저

 예화와 관련된 말씀

내가 그리스도와 함께 십자가에 못 박혔나니 그런즉 이제는 내가 사는 것이 아니요 오직 내 안에 그리스도께서 사시는 것이라 이제 내가 육체 가운데 사는 것은 나를 사랑하사 나를 위하여 자기 자신을 버리신 하나님의 아들을 믿는 믿음 안에서 사는 것이라(갈 2:20).

06 | 신앙의 균형

독일 라이프치히의 양대 명물이 있다. 촛불기도회로 독일 통일의 초석을 이룬 '니콜라이교회(Church of Saint Nicholas)'와 '성토마스교회(St. Tomas Church)'이다.

니콜라이교회가 교회의 역사 참여를 보여준 대표적인 증거라면, 성토마스교회는 교회 영성의 본거지라 할 수 있다.

유명한 음악가 요한 제바스티안 바흐(1685~1750)가 생애 마지막까지 26년 동안 이 교회의 오르가니스트 겸 음악감독을 맡으면서 140여 편의 칸타타를 비롯한 수많은 작품을 내놓은 곳이다. 바흐의 무덤도 교회 본당에 있을 정도다.

교회음악의 산실인 곳이다.

라이프치히에는 균형이 있다. 두 교회는 기독교 복음 선교의 양축을 대변한다. 봉사와 예배, 참여와 영성, 일과 기도, 이웃 사랑과 하나님 사랑, '세상 속으로'와 '하늘을 향하여', '사이'와 '넘어서' 등 라이프치히를 찾는 이들에게 두 교회는 최고의 신앙 학습 장소다.

외줄을 타는 광대에게 가장 중요한 것은 균형을 잡는 것이다. 평지를 걸을 때에도 귓속의 전정신경 즉, 몸의 균형을 잡아주는 기관에 이상이 생기게 된다면 똑바로 걸을 수 없고 넘어질 수밖에 없는 것이다.

이것은 성도들에게도 적용될 수 있다. 나의 신앙생활은 균형을 잘 잡고 건강하게 바로 서 있는가?

 예화와 관련된 말씀

네 마음을 다하고 목숨을 다하고 뜻을 다하고 힘을 다하여 주 너의 하나님을 사랑하라 하신 것이요 둘째는 이것이니 네 이웃을 네 자신과 같이 사랑하라 하신 것이라 이보다 더 큰 계명이 없느니라(막 12:30,31).

그런즉 너희 하나님 여호와께서 너희에게 명령하신 대로 너희는 삼가 행하여 좌로나 우로나 치우치지 말고(신 5:32).

07 | 인생열쇠 신앙

  나는 단지 내가 운 좋게 발견한 최상의 투자를 다른 사람들에게 알려 주는 것뿐이다. 나는 열여섯 살 때 예수님을 마음에 받아들였다. 그러나 그때는 크리스천이 된다는 것이 무엇인지 잘 몰랐다. 예수 그리스도와의 개인적인 관계는 거의 없이 단지 종교적 의식만을 따르는 것이라고 알고 있었기 때문에, 실상 나는 그리스도 안에 있는 것이 아니었다. 나는 늘 투자와 관련된 일을 해 온 사람이었기 때문에, 내가 믿을 수 없을 만큼 굉장한 거래를 하고 있다는 것을 깨닫는 데는 오랜 시간이 걸리지 않았다. 하나님이 베풀어 주신 것들은 다른 어느 곳에서도 찾을 수 없는 귀중한 것들이었다. 그러나 그 대가로 그분이 요구하시는 것 즉 내 마음과 내 삶을 그분께 드리는 것은 받은 것에 비하면 그리 중요한 것들이 아니었다.

  나는 기쁨과 기대감으로 과감히 투자했고 결과가 좋지 않더라도 결코 실망하지 않았다. 그날 내 앞에 앉아 있던 일본인 사업가들 또한 현명한 투자가들이다. 그렇지 않다면 그들은 결코 그 위치에 있을 수 없었을 것이다. 나는 오래 전

어머니께서 말씀해 주셨던 투자에 대한 조언을 그들에게도 들려주었다. 그들 역시 내가 했던 것과 똑같은 투자를 하고 똑같은 결과를 얻을 권리를 가진 사람들이었고, 그들 중 많은 이들이 그날 그리스도를 받아들였다. 그 후 우리 판매부 직원과 고객들 수천 명이 그들의 뒤를 이었다. 그렇다고 내가 사람들을 그리스도께로 인도하는 복음 전도자가 된 것인가? 그렇지 않다. 나는 단지 나 자신일 뿐이고, 내가 운 좋게 발견한 최상의 투자를 다른 사람들에게 알려 주었던 것뿐이다. 나는 우리 모두가 선형석인 '복음 전도자'로 불릴 수는 없다고 생각한다. 그러나 우리 모두 '전도인의 일을 하며' (딤후 4:5) 우리의 직무를 다할 수는 있다.

그 비결은 당신 자신의 일을 충실히 하는 것이다! 당신이 투자가라면 투자가로서 말하면 되는 것이고, 화가라면 그림을 통해서, 작가라면 자신이 쓴 글을 통해서 이야기하면 되는 것이다. - 「성공을 유산으로 남기는 법」 중에서

 예화와 관련된 말씀

네 길을 여호와께 맡기라 그를 의지하면 그가 이루시고 네 의를 빛 같이 나타내시며 네 공의를 정오의 빛 같이 하시리로다 (시 37:5,6).

08 | 안식일을 잘 지킨 위대한 신앙인물

　미국의 1952년 제 34대 미국 대통령에 당선된 훌륭한 신앙인 한 분이 있다. 그는 매우 가난한 가정에서 태어났다. 아버지는 크림 공장에서 일을 하는 분이셨다. 일곱 명의 아들들 중에서 셋째 아들로 태어난 아이가 아이젠하워였다.

　그런데 그가 13세가 되었을 때 다리에 상처가 생겼다. 불행하게도 나쁜 세균감염으로 인해 다리가 붓고 열이 나며 검게 변하면서 말할 수 없는 통증이 생겼다. 담당의사가 말하기를 한 쪽 다리를 절단하지 않으면 생명이 위험하다고 했다. 가족들도 속히 다리를 절단하는 수술을 하자고 그에게 권면했다. 그러나 소년 아이젠하워는 하나님께서 자신의 다리를 치료해주실 것을 굳게 믿고 날마다 기도하며 그 수술을 완강히 거부했다. 그러나 밤에 잠을 잘 때 자기 몰래 담당의사가 자신의 다리를 수술할지도 모른다는 불안감이 생겨 둘째 형인 에드가에게 방문 앞에서 보초를 서 줄 것을 부탁했다. 그는 이틀 밤을 꼬박 새우면서 아이젠하워의 방문을 굳게 지켰다. 그리고 그는 피곤하여 그 방문 앞에서 깊이 잠들었다. 가족들은 그것을 보고는 안타까운 마음이 들어

합심기도를 시작하게 되었다. 그 기도가 응답되어 아이젠하워는 3주후에 자기 방에서 건강한 모습으로 걸어 나올 수 있었다. 만약 그때 아버지의 말대로 다리를 절단하는 수술을 받았다면 어떻게 되었을까?

그는 대통령이 된 후에도 주일을 잘 지켰다. 주일이 되면 외국의 귀한 내빈들이 찾아와도 거의 만나지 않았다고 한다. 아이젠하워 대통령은 1959년 9월 27일 구소련의 후르시초프를 초청한 적이 있었다고 한다. 그날은 주일이었다. 그래서 그는 후르시초프에게 전화를 걸어 함께 교회로 가서 예배할 것을 제안했다. 공산국가의 지도자인 후르시초프는 그의 제안을 단번에 거절했다. 그러자 아이젠하워는 자기가 교회로 가서 예배하고 돌아오려면 1시간 30분 정도가 걸리므로 그 시간동안 자기를 기다려 달라고 부탁을 했다고 한다. 국가귀빈을 만나는 중요한 일보다도 예배하는 것을 우선순위에 놓고 더욱 귀하게 여겼던 분이 아이젠하워였다.

 예화와 관련된 말씀

> 저가 증거하러 왔으니 곧 빛에 대하여 증거하고 모든 사람으로 자기를 인하여 믿게 하려 함이라(요 1:7).

09 | 신앙으로 성공한 벽돌공의 아들

존 워너메이커는 미국 필라델피아에 있는 그레이 페리 지역에서 1883년 7월 11일에 태어났다. 그의 부친은 벽돌을 만드는 가난한 기술자였다. 그가 소년이 되었을 때, 그도 벽돌공장에서 일을 하게 되었다. 그리고 그는 순수한 마음으로 신앙생활을 남들보다 더 열심히 했다.

1851년 그는 서점에서 점원으로 주급 1달러 25센트를 받고 일을 하게 되었다. 그러다가 그 다음 해에는 주당 2달러 50센트를 벌 수 있는 조그마한 옷가게에서 일을 할 수 있었다. 1858년에는 YMCA를 창설하고 풀타임(full time) 간사로 4년간 일했다. 처음에는 57명의 젊은이들이 그곳에 있었지만, 1년 후에는 2,000명 이상의 크리스천 형제들이 모이는 곳으로 발전하게 되었다.

1859년에는 그가 베다니 교회학교를 세웠는데, 주일이 되면 그곳에 27명의 아이들이 참석을 했다. 그러다가 그 교회학교도 부흥이 되어 약 4,000명의 아이들이 모여들어 성경을 공부하는 거대한 바이블 스터디 그룹으로 성장하게 되었다. 그 당시 그곳은 미국 내에서 가장 큰 교회학교였다.

1860년에 그는 "메리 어링거 브라운" 자매와 결혼을 하고, 일 년 후에 "오크 홀"이라는 남자 어린이와 어른의 옷들을 파는 가게를 오픈할 수 있었다. 처음으로 자기 사업을 하게 되었지만 장사는 별로 신통치 않았다. 그래도 그는 양심바르게 품질이 좋고 싼 옷들을 정찰제로 팔았다. 어떤 상술이나 방법을 쓴 것이 아니라 아주 기초적인 믿음의 정신을 갖고 고객을 왕으로 모신다는 신조로 일을 했다. 만약 옷을 사간 고객이 마음에 안 들어 환불을 요구하면 언제든지 그 대금을 돌려주었다.

어느 날 그는 하나님의 은혜로 미군부대에 군복들을 만들어 납품할 수 있는 행운을 거머쥘 수 있었다. 그 뿐만 아니라 그는 미국의 체신부장관으로 중책을 맡아 일을 하기도 했다. 신앙적인 마인드를 갖고 경영하게 된 사업들을 통하여 그는 큰 성공의 밭들을 일구어낼 수 있었다. 결국, 그는 미국의 백화점 왕이 되고 10대 재벌이 되었다.

 예화와 관련된 말씀

> 너희는 먼저 그의 나라와 그의 의를 구하라 그리하면 이 모든 것을 너희에게 더하시리라(마 6:33).

10 | 신앙의 반지

신기한 오팔반지를 가지고 있는 한 사람이 있었다. 이 오팔반지는 부적과 같은 것이어서 끼고 있으면 자연스레 겸손해지고 성격이 온화해져서 모든 이들에게서 사랑을 받게 되는 소중한 반지였다. 아버지가 꼈던 반지는 아들에게 그리고 다시 그 아들에게 이렇게 대대로 물려 전해졌다. 그런데 어느 대에선가 아버지가 세 아들을 두게 되었다. 그 아버지는 어느 아들에게 그 반지를 물려줄까 고민을 하다가 똑같은 반지를 두 개 더 만들어서 임종할 때 세 아들에게 골고루 나눠주었다. 전문가가 보아도 어느 것이 진짜인지 모를 정도였다. 아버지가 돌아가시고 나서 세 아들은 자신의 반지가 진짜라며 논쟁을 벌이기 시작했다. 그러다 결국 재판정까지 넘어가게 되었다.

재판관은 한참을 고민하다 이렇게 말했다.

"사실 나는 어느 것이 진짜 신비의 반지인지 모르겠습니다. 하지만 신비한 능력을 가진 진짜 반지가 그것을 낀 사람을 겸손하고 온화하게 만든다면 어느 것이 진짜인지 결정하는 것은 그리 어려운 일이 아니라고 생각합니다. 왜냐하면 얼마 지나지 않아 그 사람의 선량한 생활이 주변의 사람들에게 확연히 드러나게 되어 있기 때문입니다. 그러니 너무 걱정하지 말고 지금껏 살아온 대로 살아가십시오. 진짜 반지의 소유자는 언제나 겸손하고 성실하게 살아가면서 모든 이들을 온화하게 대하겠지요."

우리 모두는 지금 '신앙의 반지'를 끼고 있다. 이 반지는 낀 사람이 거기에 걸 맞는 행동과 인품을 갖출 때 더 빛나게 될 것이다.

 예화와 관련된 말씀

그러므로 하나님의 전신 갑주를 취하라 이는 악한 날에 너희가 능히 대적하고 모든 일을 행한 후에 서기 위함이라 그런즉 서서 진리로 너희 허리띠를 띠고 의의 호심경을 붙이고 평안의 복음이 준비한 것으로 신을 신고 모든 것 위에 믿음의 방패를 가지고 이로써 능히 악한 자의 모든 불화살을 소멸하고 구원의 투구와 성령의 검 곧 하나님의 말씀을 가지라 모든 기도와 간구를 하되 항상 성령 안에서 기도하고 이를 위하여 깨어 구하기를 항상 힘쓰며 여러 성도를 위하여 구하라(엡 6:13~18).

11 | 마인드 세트와 신앙인

한 수도자가 제자들을 모아 놓고 수행의 정도를 시험하기 위해 말하였다. "새끼 새 한 마리가 있었느니라. 그것을 데려다가 병에 넣어 길렀느니라. 그런데 이게 자라서 병 아가리로 꺼낼 수 없게 되었다. 그냥 놔두면 새가 더 커져서 죽게 될 것이고 병도 깰 수 없느니라."

수도자는 '새도 살리고 병도 깨지 않는 방법'을 말해보라고 하였다. 제자들은 기발한 아이디어를 내었다. 그러나 수도자의 마음에 맞는 답은 나오지 않았다.

"스승님, 저희들 머리로는 도저히 모르겠습니다. 도대체 답이 있기나 합니까?" 제자가 말했다.

"있지… 암… 있고, 말고." 이때 제자들은 한 목소리로 "무엇이옵니까?"라고 합창을 하였다. 이에 수도자는 할 수 없다는 듯이 큰 소리로 들려주었다.

"가위로 자르면 되느니라~!" 그리고 덧붙여 하는 말이 "페트(PET)병이었느니라."라고 하였다.

고정관념을 깨뜨리면 막힌 답이 무너질 때가 있다. 앞만 바라보면 길이 안보일 때도 때로 뒤를 돌아보면 새로운 길이 보인다. 이런 문제를 앨빈 토플러와 함께 미래학의 양대 산맥으로 불리는 존 나이스비트는 '마인드 세트'(mind-set:고방식이나 마음가짐)의 차이로 해석하고 있다. 마인드 세트란 정보를 받아들이는 사고방식이라고 말한다.

마인드 세트는 후천적으로 주입되기도 하지만 목적에 맞춰 의도적으로 구축할 수도 있다는 것이다. 그는 말하기를 마인드 세트는 "현재의 세상에서 필요한 정보를 추려내고 우리 앞에 놓인 미래로 향한 문을 열어 주는 열쇠가 되어 준다. 마인드 세트는 우리 머릿속에 고정되어 있는 빛과 같다. 그것은 우리의 길잡이가 되어, 항로를 알려 주고 목적지까지 안전하게 안내해 준다.

따라서 우리는 스스로 자신의 마인드 세트를 조절하고 수정함으로써 우리의 삶을 발전시켜 나가야 한다."라고 말하고 있다. 마인드 세트를 바꾸면 미래가 바꾸어지고 삶의 태도가 바뀌어 진다.

 예화와 관련된 말씀

> 나를 믿는 자는 성경에 이름과 같이 그 배에서 생수의 강이 흘러나리라 하시니(요 7:37).

12 | 신앙 인격 지키기

나는 "앵무새 죽이기"라는 영화를 좋아한다. 1930년대 초를 시대 배경으로 하고 있는 이 영화의 주인공은 앨라배마의 변호사 애티커스 핀치라는 인물이다(영화배우 그레고리 펙이 그의 역할을 맡았다). 그는 당시 백인 여성을 강간한 혐의로 기소된 한 흑인 남자의 변호를 맡았다.

핀치는 사건을 맡자마자 파렴치한 흑인의 변호를 맡았다는 마을 사람들의 비난과 조롱에 시달렸다. 기소된 흑인은 결백했으며, 핀치는 그의 무죄를 잘 입증했다. 하지만 배심원들은 유죄 판결을 내렸다.

당시 핀치 변호사의 두 자녀도 법정에 있었다. 아래층에 앉을 자리를 찾지 못한 그들은 발코니에 올라가 마을의 흑인 설교자 옆에 앉게 되었다. 판사가 자리를 떠나자 법정을 꽉 채운 사람들도 자리를 뜨기 시작했다. 핀치 변호사의 딸, 진은 자기 아버지의 얼굴을 예의 주시했다. 그는 텅 빈 법정에 홀로 서서 서류를 가방에 넣고 있었다. 그런 다음 외투를 입고 중앙 통로를 따라 출입문을 향해 걸어갔다. 비록 법정 판결에서는 패배했지만, 그의 정신은 조금도 굴하지 않았다. 그때였다. 누군가가 진의 어깨를 툭 쳤다. 뒤를 돌아보니 발코니에서 재판을 방청하던 사람들이 모두 서 있었다. 흑인 설교자는 그녀를 다시 한 번 툭 치면서 "진 양, 일어서서 경의를 표하세요. 아버지가 지나가고 계십니다."라고 말했다.

그들은 핀치 변호사의 인격에 크게 감동했다. 살다 보면 사람들의 조롱과 속임수와 비난을 받는 경우가 있다. 하지만 꿋꿋하게 신앙 인격을 지켜 나가면 언젠가는 사람들이 우리 앞에서 일어나 경의를 표하게 될 것이다.

- 「위기」 / 릭 이젤

예화와 관련된 말씀

그 안에 뿌리를 박으며 세움을 입어 교훈을 받은 대로 믿음에 굳게 서서 감사함을 넘치게 하라(골 2:7).

13 | 신앙의 진품명품

〈진품명품〉이라는 재미있는 TV 프로그램이 있다. 전문가들이 출연해 골동품의 진위와 가치를 가격으로 평가해 주는 프로그램이다. 각 분야의 전문가들과 연예인들도 감정 평가단으로 나온다. 전국 각지에서 올라온 골동품 소장가들에게 그 물건을 소장하게 된 사연을 직접 들어 보고 연예인들이 나름대로 가격을 정해 본다. 출연자들이 집에 있는 골동품이 진짜인지 가짜인지, 가격은 얼마인지 감정을 받을 수 있어 인기가 많은 프로그램이다. 흥미로운 것은 출품작 가운데 고가의 골동품으로 추측되는 것일수록 대부분이 가짜였다는 사실이다.

한번은 어떤 중년 신사가 오래 되어 보이는 붓글씨를 한 점 들고 나왔다. 우리나라 역사에 나오는 유명한 사람이 직접 쓴 글이라는 것이다. 소장자는 애국자의 붓글씨를 소장한 것에 대한 자긍심이 대단했다.

연예인 감정가들도 감탄하면서 매우 비싼 가격을 매겼다. 소장자도 감정가를 1억원이 넘게 써냈다. 이제 마지막으로 전문가의 평가만 남았다. 숨을 죽이고 전광판을 지켜보는데, 글쎄 단돈 500원이 나왔다. 소장자의 얼굴이 벌게지더니 금세 표정이 굳었다. 가짜였던 것이다. 소장자는 지금까지 가짜를 보고 기뻐하고 있었다. 가짜를 다른 사람에게 자랑하고 다녔다. 소장자는 이제 정신을 차리고 헛된 자긍심을 버릴 수 있게 되었다.

우리 신앙도 자주 점검을 받아야 한다. 귀한 것일수록 복제품이 많기 때문이다. 거짓된 확신은 눈을 멀게 하고 귀를 멀게 한다. 신자는 자주 성경에 비추어 자신을 점검하는 사람이다.

예화와 관련된 말씀

> 믿음이 없어 하나님의 약속을 의심치 않고, 믿음에 견고하여져서 하나님께 영광을 돌리며, 약속하신 그것을 또한 능히 이루실 줄을 확신하였으니(롬 4:20, 21).

14 | 김일성과 김정일의 기독교 경험

1. 김일성 주석의 아버지 김형직

김일성은 만경대에서 1912년 4월 15일에 아버지 김형직과 어머니 강반석 사이에 큰 아들로 태어났다. 아버지 김형직은 1911년 평양의 기독교 계통의 학교인 숭실중학교(당시 숭실아카데미로 불림)에 입학하여 1913년까지 수학한 후 순화 보통학교, 명신 보통학교에서 교사 생활과 독립운동을 병행했다. 숭실중학교는 당시 미국계 미션스쿨로서 한국에서 기독교를 전파할 기독교 지도자를 양성하는 교육기관이었다.

2. 김일성 주석의 어머니 강반석

어머니 강반석은 창덕학교 교장으로 있던 강돈욱 장로의 둘째딸로서 장로교계통의 독실한 기독교 집안 출신이었다.

강반석은 고향 칠골에 있던 교회에서 집사로 봉직했다고 한다. 그래서 북한이 1992년 4월, 봉수교회와 장충성당 건립에 이어 어머니의 고향 칠골에 '칠골교회'를 건립했다.

3. 김일성 주석

김일성은 독실한 기독교 신앙을 가진 가정에서 태어났기 때문에 모태신앙을 갖고 성장했다. 김일성은 어린 시절 어머니를 따라 매주 교회에 출석했다는 사실을 자신의 회고록에 기록하고 있다.

4. 그의 아들 김정일

김정일의 기독교 경험에 대해서는 알려진 바가 거의 없다 김정일은 7세에 친어머니를 여읜 관계로 친척들의 보살핌을 받으며 자랐다. 이들의 신앙정도에 대해 알 수 없기 때문에 단정 지을 수는 없지만 이들 역시 기독교 집안의 사람들로서 김정일을 키우면서 기독교적인 영향을 주었을 것으로 추측해 볼 수 있다.

이상의 내용을 종합해 볼 때 김일성의 기독교적 가정 배경과 기독교인들과의 접촉, 그리고 기독교 세력의 도전 경험등으로 기독교 교리와 교훈, 생활 방식을 접할 기회를 빈번하게 가졌다고 볼 수 있다.

 예화와 관련된 말씀

여호와를 경외하는 자에게는 견고한 의뢰가 있나니 그 자녀들에게 피난처가 있으리라(잠 14:26).

네 모든 자녀는 여호와의 교훈을 받을 것이니 네 자녀에게는 큰 평안이 있을 것이며(사 53:13).

15 | 신앙 점검

'하늘에 계신' 이라고 하지 말라. 세상일에 빠진 당신.

'우리' 라고? 너 혼자만 생각하지 않는가.

'아버지?' 과연 아들과 딸로서 살아가고 있는가.

'이름이 거룩히 여김을 받으시오며' 하지 말라. 자기 이름만 빛내기 위해 노력하지 않았는가.

'아버지 나라가 임하옵시며' 라고 하지 말라. 물질 만능의 나라를 원하면서….

'아버지의 뜻이 하늘에서 이룬 것 같이 땅에서도 이루어지이다' 도 하지 말라. 너는 네 뜻대로 되기를 기도했다.

'오늘날 우리에게 일용할 양식을 주옵시고' 라고 하지 말라. 가난한 자를 본 체 만 체 했던 너였다.

'우리가 우리에게 죄지은 자를 사하여 준 것 같이…' 아직도 누구를 미워하고 있지 않은가.

'우리를 시험에 들게 하지 마옵시고?' 죄지을 기회만 찾는 당신.

'다만 악에서 구하옵소서?' 악을 보고도 아무런 양심의 소리를 듣지 못하는 너였다.

이 글은 우루과이 성당 벽에 씌여진 것이다. 우리 성도들도 한 번쯤 성찰할 필요가 있다. 삶의 실천이 없는 주기도문은 아무 소용이 없다.

 예화와 관련된 말씀

이와 같이 행함이 없는 믿음은 그 자체가 죽은 것이라(약 2:17).

혼 없는 몸이 죽은 것 같이 행함이 없는 믿음은 죽은 것이니라(약 2:26).

16 | 축복받은 신앙인의 공통점

 한국유리 회장 최태섭, 미원중앙연구소장 임번삼, 제주은행회장 김봉학, 한국원자력연구소 초전도체 연구실장 원동연, 전 문공부장관 오재경, 가나안 농군학교 김종일, 작가 김성일, 이랜드 사장 박성수, 고려은단 회장 조규철, 고대의대 교수 성인화, 건국대 교수 류태영 등 제씨(諸氏)는 일하는 분야도 다르고 각자의 성장 배경도 다르지만 자타가 공인하는 축복 받은 신앙인들이다. 그런데 이 분들의 신앙 수기를 읽고 참으로 놀라운 공통점을 발견하였다.

 첫째, 이 분들 90% 이상 가난한 가정 출신이고, 모두 어릴 때부터 어떤 형태로든지 복음을 접할 수 있었다는 점.

 둘째, 사업 실패, 전쟁, 불치의 병, 정신적 방황 등 모두 모양은 다르나 심각한 고통과 커다란 역경을 겪는 과정에서 교리적이고 문자에 매인 하나님이 아니라 살아 계신 실존적 자기 하나님을 만나고 그 모든 역경을 이겨냈다는 점.

 셋째, 세월이 지날수록 그 감사와 감격이 식어져 하나님을 멀리하고 죄 된 생활로 돌아갔다가 또 다시 역경을 만난 후 진정으로 두 손 들고 하나님께 항복하였다는 점.

넷째, 하나님께 완전히 항복한 후 이 분들은 자기 자신이 얼마나 보잘 것 없는 초라하고 무능한 인간인가를 통감하고 내가 주인이 아니라 하나님이 주인인 것을 인정하고, 하나님의 말씀대로 살기 위하여 몸부림쳤고, 크고 작은 문제가 생길 때마다 엎드려 부르짖어 기도하였다는 점.

 다섯째, 하나님의 축복으로 그 모든 역경을 이겨낼 수 있었던 이분들은 자기 받은 축복을 재물로, 자기 분야의 지식으로, 몸으로, 아무튼 어떤 형태로든 하나님께 보답하기 위하여 교회에, 사회에 참으로 눈물겹게 헌신하였다는 점.

 여섯째, 이 분들 가운데 80%는 모태 신앙이었고, 어릴 때부터 한국교회의 전통적인 어머니 신앙의 영향을 받았다는 점. 일곱째, 이 분들의 삶은 분야와 모양은 다르지만 인간 승리의 표본들이다. 이 분들이 겪은 시련과 역경은 사람으로서 도저히 감당할 수 없는 심각한 것이었다. 이 분들은 엎드려 부르짖어 기도하였고, 응답 받았고, 승리할 수 있었다.

예화와 관련된 말씀

> 믿음이 없이는 기쁘시게 못하나니 하나님께 나아가는 자는 반드시 그가 계신 것과 또한 그가 자기를 찾는 자들에게 상주시는 이심을 믿어야 할찌니라(히 11:6).

17 | 신앙의 가치

호텔 중개인 오르브 크리거는 워싱턴 주 스포케인에 매물로 나온 한 부동산에 관한 전화를 받았을 때 흥분했다. 그 매물은 공항에서 몇 분 거리에 있으며 스포케인 시를 내려다보는 전나무 숲 언덕에 자리 잡고 있는 홀리데이 인 호텔이었다. 오르브는 다른 사람에게 그것을 매물로 내놓는 대신 자기가 뛰어들어 매입했다.

문제는 한 가지였다. 홀리데이 인의 술을 파는 바는 한 달 평균 1만 달러의 수입을 올리고 있었으나 그리스도인이었던 오르브는 이 바를 운영하고 싶지 않았다. 호텔 지배인은 그렇게 되면 손님들이 곧장 다른 경쟁업소로 가 버릴 것이라고 주장하며 호텔의 수지를 맞출 수 없다는 것을 보여 주는 통계자료를 제시했다. 오르브는 정중하게 그 의견을 들었지만 결국 바의 문을 닫았다.

오르브는 자기 계획을 계속 밀고 나갔다. 호텔 로비를 개조하고 바 대신 푸른 식물로 둘러싸인 안락한 커피숍을 경영했다. 이 호텔업을 시작한 지 5년 만에 음식 매상고는 20퍼센트, 객실 매상고는 30퍼센트가 증가되었다. 만약 바를 열었다면 이 호텔은 정말 돈을 찍어 내는 기계가 되었을 것이다. 그러나 오르브는 여느 때와 다름없이 환하게 웃으며 말했다.

"신앙이란 그 신앙대로 살 준비가 되어 있지 않다면 그렇게 가치 있는 것은 아닐 겁니다."

거룩함은 하나님께 순종하는 것이다. 그것이 우리 자신의 이익에 배치될 때에도 순종하는 것이다.

 예화와 관련된 말씀

이는 아브라함이 내 말을 순종하고 내 명령과 내 계명과 내 율례와 내 법도를 지켰음이라 하시니라(창 26:5).

18 | 행동하는 신앙

　의사들이 귀한 벽지의 수용소에서 내과의사로 있던 코른펠드는 다른 수감자들에 비해 훨씬 나은 조건에서 수감생활을 하고 있었다. 당시 수용소 의료부 의사들은 수용소 당국의 비위에 맞지 않거나 혹은 이 수용소 구역에서 쫓아내고 싶은 자들을 처벌동으로 보내기 위한 진단서에 서명하게 되어 있었다. 해당 죄수가 그러한 징벌을 견뎌 낼 수 있을 만큼 건강함을 증명하는 것이었다. 이것은 물론 위증이었다.

　다른 모든 의사들처럼 코른펠드 역시 지금까지 자기 몫의 진단서에 서명해 왔다. 그러나 그리스도인이 된 코른펠드의 내면에서 일어난 변화가 그런 일을 계속할 수 없도록 막았다. 더구나 코른펠드는 환자용 식빵을 훔쳐 먹은 한 당번을 고발했다. 코른펠드는 자신이 고발한 그 당번이 처벌동에서 풀려나는 즉시, 자신의 목숨이 위태로울 것을 알고 있었다. 그러나 역설적이게도, 죽음의 가능성을 받아들이자 삶에 대해 자유로워졌다.

　그러던 어느 날 오후, 그는 대장암 수술을 마친 환자 한 명을 검진하다가 그의 영적 곤고함과 공허함을 보게 되었다.

그래서 코른펠드는 마취에서 깨어나고 있는 이 환자에게 자신에게 일어났던 일을 말해 주기 시작했다.

이튿날 아침, 젊은 환자는 그 의사가 밤사이에 살해당했음을 알았다. 젊은 환자는 그 의사의 열정적인 마지막 말들을 생각했다. 그 결과 그도 그리스도인이 되었다. 그는 수용소에서 살아남아 자신이 그곳에서 깨달은 것을 전 세계에 말하게 되었다. 그의 이름은 1970년 노벨문학상을 받은 솔제니친이다.

 예화와 관련된 말씀

네가 보거니와 믿음이 그의 행함과 함께 일하고 행함으로 믿음이 온전하게 되었느니라(약 2:22).

내 형제들아 만일 사람이 믿음이 있노라 하고 행함이 없으면 무슨 유익이 있으리요 그 믿음이 능히 자기를 구원하겠느냐 (약 2:14).

19 | 이것이 나의 신앙입니다

링컨이 16대 대통령에 당선되었을 때 기쁨과 감격에 환호하는 지지자들이 링컨의 당선을 축하하기 위해 링컨의 집으로 모여들었다. 링컨의 가까운 사람들은 이미 그가 신앙인으로서, 그리고 돌아가신 어머니와의 약속을 지키기 위해 술과 담배를 하지 않는다는 사실을 알고 있었다. 그렇지만 링컨의 참모들은 축하객들에게 오늘만큼은 포도주나 위스키를 제공해야 하지 않겠느냐고 제안했다.

링컨은 대답했다.

"우리 집에는 아무 술도 없습니다."

"알고 있습니다. 저희가 장만하겠습니다."

"아닙니다. 나는 나 자신이 하고 싶지 않은 일을 여러분에게 하라고 명령하고 싶지 않습니다."

그럼에도 불구하고 대통령 당선을 축하하는 술이 링컨의 집으로 배달되자, 링컨은 정중하게 감사를 표시하고는 모두 되돌려 보낸 후 청중들에게 이렇게 인사를 했다.

"사랑하고 존경하는 여러분! 저는 오늘 포도주나 위스키로 여러분을 대접하지 못함을 죄송하게 생각합니다. 그러나 그것은 저의 신앙이며, 어릴 적 어머니와의 약속을 지키기 위함입니다. 오늘은 제가 평소에 포도주 대신 애용하고, 가족들에게 권장하는 건강 음료를 여러분에게 대접하려고 합니다. 이 음료수는 샘에서 방금 길어 온 생수인데 시원하고 건강에도 참 좋습니다. 자, 함께 마십시다!"

링컨은 냉수 잔을 들고 마시며 그들에 대한 최고의 존경을 표시했다. 링컨을 축하하기 위해 모인 사람들은 비록 술과 고기로 대접을 받지는 못했지만 대통령의 진실한 신앙과 검소함, 끝까지 어머니와의 약속을 지키려는 모습에 큰 감동을 받았다.

신앙생활은 결단의 연속이다. 결단은 곧 자기 관리를 말한다. 어릴 때의 약속을 철저히 지키는 사람이라면 분명히 대단한 업적을 남겼으리라. 결단의 사람에게는 부와 명예도 선물로 주어진다.

 예화와 관련된 말씀

이는 내가 육신으로는 떠나 있으나 심령으로는 너희와 함께 있어 너희가 질서 있게 행함과 그리스도를 믿는 너희 믿음이 굳건한 것을 기쁘게 봄이라(골 2:5).

20 | 긍정적 신앙

두 아들을 둔 어머니가 장날 시장에서 사과를 한 바구니 사오셨다. 어머니는 아들들에게 사과 다섯 개씩을 나누어주었다.

사과 중에는 좋은 것도 있지만 벌레 먹은 것도 있었다. 어머니는 아들들이 어떤 사과부터 먼저 먹는가 하고 유심히 관찰했다.

큰 아들은 다섯 개 중에서 제일 좋은 것부터 골라서 먹고, 나쁜 것은 맨 나중에 먹었다. 그런데 둘째 아들은 나쁜 것부터 먹고 좋은 것을 나중에 먹는 것이었다.

이 광경을 지켜보던 어머니는 두 아들 중에서 좋은 것부터 먹은 큰 아들을 칭찬해 주었다고 한다.

왜냐하면 사과 다섯 개 중에서 처음에 제일 좋은 것을 먹고, 남은 것 중에서 또 제일 좋은 것을 먹고, 그래서 큰 아들은 사과 다섯 개를 먹을 때마다 좋은 것만 골라 먹었기 때문이다. 그런데 작은 아들의 경우는 다섯 개의 사과를 먹을 때마다 가장 나쁜 것만을 골라먹은 셈이 된 것이다.

우리의 신앙의 모습이 바로 이런 것은 아닐까? 똑같은 세상, 똑같은 환경 속에서 여러 가지 희로애락을 겪어 가면서 똑같은 인생살이를 하는데, 어떤 사람은 밝은 면을 찾는가 하면 그 둘째 아들처럼, 같은 환경 속에서도 불평과 원망과 다툼과 짜증 속에 살아가는 사람이 있다.

우리가 믿음으로 살게 되면 아무리 어두운 세상일지라도 그 속에 밝음을 찾아 살아가게 되는데, 이런 자세가 크리스천의 생활이 아닌가 생각한다.

 예화와 관련된 말씀

> 여호와 앞에 잠잠하고 참고 기다리라 자기 길이 형통하며 악한 꾀를 이루는 자 때문에 불평하지 말지어다 분을 그치고 노를 버리며 불평하지 말라 오히려 악을 만들 뿐이라(시 37:7,8).

21 | 미쉬나

바벨론 포로 이후에 집대성한 구전법 모음인 '미쉬나'라고 하는 책이 있다. 우리 신·구약 성경 보다 더 크다.

이 '미쉬나'라고 하는 책은 구전으로 이스라엘 사람들에게 전해진 율법을 다 수집해 놓은 것이라고 한다.

그 속에 안식일에 대한 것만 39개조가 있다. 이것을 하지 말라, 저것을 하지 말라. 그런데 이것이 또 다시 그 다음에 부칙이 나온다. 원칙이 있고 또 부칙. 그래서 마침내 이백 열 아홉 가지라고 하는 그런 금칙이 있다.

예컨대 이 서른아홉가지를 다 말씀드리진 않지만 한 번 상상해 보라.

씨 뿌리는 일, 수확하는 일, 곡식의 단을 묶는 일, 타작하는 일, 키질하는 일, 곡식 고르는 일, 맷돌질하는 일, 체질하는 일, 반죽을 만드는 일, 빵 만드는 일, 양털 깎는 일, 끈을 매는 일, 바느질하는 일, 뭐 쭉 이렇게 자세하게 서른아홉 가지를 말한다.

이제 또 부칙이 나온다. 그 부칙 중에는 이런 넌센스 같은 얘기도 있다.

어린아이를 안식일에 안아주는 건 좋으나 어린아이가 책을 들고 있는 것을 안아주면 책을 들었기 때문에 안식일을 범한 것이다. 바느질을 하다가 어쩌다 실수해서 바늘을 옷에 꽂아 놓은 대로 입고 나가면 바늘을 운반한 죄가 있다.

이것도 안식일을 범한 거다. 아주 까다롭게 이렇게 부칙을 만들어서 저들은 안식일을 지킨다. 그래서 성경에도 나타난다. 많은 장님이 지팡이를 짚고 다니는 것은 죄가 아니다.

눈 뜬 다음에 막대기를 들고 다니는 건 안식일을 범한 것이다. 이게 또 문제가 되는 거다. 그만큼 엄격하게 안식일을 저들은 지켰다 하는 말이다. 이래서 결론적으로 많은 역사가들이 말한다.

유대사람이 안식일을 지켰느냐 안식일이 유대사람을 지켰느냐? 결론은 안식일이 유대사람을 지켰다는 것이다. 그들은 2000년 3000년 디아스포라로 흩어져서 남의 나라에 가서 살고 있지만은 그들의 민족성과 신앙을 지켜갈 수 있었던 것은 오로지 안식일 때문이었다.

예화와 관련된 말씀

> 내가 또 레위 사람들에게 몸을 정결하게 하고 와서 성문을 지켜서 안식일을 거룩하게 하라 하였느니라 내 하나님이여 나를 위하여 이 일도 기억하시옵고 주의 크신 은혜대로 나를 아끼시옵소서(느 13:22).

22 | 톰의 부활 신앙

'조지 몰간'이라고 하는 목사님이 계셨다. 그는 미국의 메사추세츠주에 있는 어느 시골 교회를 목회하시는 목사님인데, 목회 중에 경험한 사실을 잡지사에 기고해서 나왔던 사실 이야기이다. 건강이 매우 좋지 못한 어린이가 있었다. 그는 발로 걸어 다닐 수도 없는 그런 처지여서 휠체어에 태워 가지고 교회에 출석했다. 그러나 아주 총명했고, 그는 신앙이 특별히 좋았다. 이름은 '톰'이라고 한다.

어느 날 부활절을 앞두고 교회학교 선생님이 어린아이들에게 플라스틱으로 만들어진 계란 하나씩을 주었다. 그 계란 속은 비어 있다. 그리고 하는 말이 "일주일 동안 잘 생각해서 이 계란 속에 생명을 넣어 가지고 오라."고 했다.

아이들은 그 속에다가 꽃을 꺾어서 넣어 오기도 하고 대부분의 아이들이 곤충을 잡아서, 꿈틀거리는 곤충을 잡아서 담아 가지고 왔다. 톰은 빈 플라스틱 계란을 가지고 왔다. 애가 움직일 수가 없으니까 그런 것을 잡을 수가 없어서 그런가보다 하고 선생님은 오히려 위로를 해 주었다.

"괜찮다. 숙제를 못 했어도 괜찮다."

이 아이는 심각한 얼굴로 이렇게 말하는 것이다.

"저는 이 속에 생명을 담아 가지고 왔습니다. 보이지 않는 생명을 담았습니다. 예수님의 무덤은 비어 있지 않았습니까?"

이 말에 깜짝 놀랐다. 이 어린이의 부활 신앙, 빈 무덤을 통하여 증거 된 그 신앙을 보면서 큰 감명을 받았다. 이 일 후에 얼마 안 되어서 이 톰은 하늘나라로 갔다.

 예화와 관련된 말씀

> 그가 여기 계시지 않고 그가 말씀 하시던 대로 살아나셨느니라 와서 그가 누우셨던 곳을 보라(마 28:6).

23 | 호두과자 할머니

65년 전 호두과자를 개발, 천안의 명물로 만든 호두과자 할머니 심복순씨가 2007년도에 신앙고백서 「나는 다윗 왕보다 행복합니다」를 냈다.

조금씩 돈이 모이는 대로 세운 교회가 여섯 군데. 이미 터를 마련한 한 곳만 더 세우면 하나님과의 약속이자 자신의 소원이 이뤄진다고 한다. 머리는 하얗게 세고 엉성했지만 뽀얀 피부가 나이답지 않다.

책 제목을 왜 「나는 다윗 왕보다 행복합니다」로 정했는지 물었다.

"다윗은 여러 사람의 피를 봤기 때문에 성전 짓는 것을 하나님이 허락하지 않았지요. 보잘것없는 제가 하나님의 성전을 일곱 군데나 세웠으니, 다윗 왕보다 행복한 게 아닙니까?"

책에는 그의 파란만장한 일생이 들어 있다. 신혼 초부터 계속된 남편의 바람기, 아들이 보증을 잘못 서는 바람에 한꺼번에 잃은 재산, 사랑하는 둘째아들의 죽음…. 그는 이 가운데도 하나님을 바라보며 부지런히 호두과자를 구웠다.

한때 천안에서 열 손가락 안에 드는 부자로 꼽혔다는 사람의 집으로서는 너무 초라했다. 그가 일어나는 시간은 새벽 3시, 새벽기도를 다녀오면서 하루가 시작된다.

그의 호는 초실. 처음 난 열매는 하나님 것이란 뜻이다. 빈털터리가 된 그녀는, 호두과자 판 돈을 하나님 몫으로 매일 저축했고, 그 돈으로 하나씩 필요한 지역에 교회를 세웠다.

그러나 그는 요즘도 "하나님이 '너 뭐하다 왔느냐?' 할 때, 떳떳이 내놓을 게 없을까 봐 두렵다."고 한다.

 예화와 관련된 말씀

네 재물과 네 소산물의 처음 익은 열매로 여호와를 공경하라 그리하면 네 창고가 가득히 차고 네 포도즙 틀에 새 포도즙이 넘치리라(잠 3:9,10).

24 | 거울 속에 죽은 나

'세계교회협의회(WCC)'라는 것이 있다. 1948년 암스테르담에서 창설되었다. 같은 신앙고백을 하는 기독교인들끼리 교파 간 교회 간 싸우지 말고 하나가 되자는 취지로 만들어진 기구이다.

처음 WCC를 열 때 개회예배를 드리고 나서 이어서 특이한 장례식이 진행되었다.

서양 사람들은 장례식 때에 '위오잉'이라고 해서 관을 열어 놓고 한 사람 한 사람 차례차례 지나가면서 그 관을 한 번씩 들여다본다.

들여다보고 '그 동안 내게 베푸신 사랑에 대해서 감사합니다.' 등등… 이렇게 죽은 사람하고 한 마디씩 인사말을 하는 절차이다.

그날도 이제 대회에 참석한 많은 사람들이 위오잉을 하게 되었다. 관 속에 시체는 없다. 다만 관 바닥에 거울을 깔아 놓았다. 그러니 관을 들여다보면 자신의 얼굴이 보인다. 자신의 얼굴을 들여다본 것이다. 사람들은 저마다 깊은 생각을 하면서 돌아갔던 것이다.

여러분, 교회가 하나 되려면 저마다 죽어야 된다. 가정도 하나가 되려면 저마다 죽어야 된다. 내 인격이 하나 되려면 이것도 '나 아무개'를 매장해버려야 가능하다.

예화와 관련된 말씀

서로 돌아보아 사랑과 선행을 격려하며 모이기를 폐하는 어떤 사람들의 습관과 같이 하지 말고 오직 권하여 그 날이 가까움을 볼수록 더욱 그리하자(히 10:24,25).

25 | 살아 계신 주

 영국의 래클 경은 해마다 크리스마스 때가 되면 헨델의 메시아를 연주하곤 했다. 그리고 연습이 다되면 연주일 전에 오케스트라와 총연습을 했다. 한 번은 메시아 오라토리오 중에 절정이라고 볼 수 있는 할렐루야 합창 후에 나오는 소프라노 아리아 "내 주는 살아계시고"라는 곡을 소프라노 가수가 부르는데 정확한 음정과 박자, 아름다운 음색과 감정 표현 그리고 적절한 호흡을 조절해 가면서 노래를 부르는데 많은 청중이 "야. 참 잘한다."하면서 듣고 있었다.

 그런데 래클 경이 갑자기 지휘봉을 멈추고 노래를 중단시켰다. 노래 부르던 사람은 말할 것도 없고 오케스트라 단원들, 심지어 관중들까지 놀라며 의심스러운 눈초리로 서로 마주 보았다. 이때 래클 경이 소프라노 가수에게

 "너. 정말 내 주가 살아 계신 것을 믿느냐."

 그때 이 가수가 그런 것을 생각이나 했었겠는가? 너무 뜻밖의 질문이라 그저 당황해서 "예. 예."하며 대답했다.

 래클 경은 "그러면 다시 불러"하면서 지휘를 시작했다. 이때 소프라노 가수는 음정, 음색, 호흡, 박자, 감정 같은 것을

생각할 여지도 없이 하나님 보좌 우편에 계신 주님을 바라보며 노래를 불렀다.

"내 주는 살아 계시고." 이 노래를 듣고 많은 청중들이 아까는 "참 잘한다."고 생각하며 노래를 들었는데, 이번에는 너무너무 감격스러워서 눈물을 줄줄 흘리면서 들었다고 한다. 똑같은 사람이 똑같은 노래를 불러도 확신을 가지고 부르는 노래가 이처럼 감동을 준 것이다. 확신에는 힘이 있다. 모든 고통도 절망도 딛고 일어설 힘이 있다.

 예화와 관련된 말씀

이르되 주여 그러하외다 주는 그리스도시요 세상에 오시는 하나님의 아들이신 줄 내가 믿나이다(요 11:27).

시몬 베드로가 대답하여 이르되 주는 그리스도시요 살아 계신 하나님의 아들이시니이다(마 16:16).

04

참되며, 경건하며

끝으로 형제들아 무엇에든지 참되며 무엇에든지 경건하며 무엇에든지 옳으며 무엇에든지 정결하며 무엇에든지 사랑 받을 만하며 무엇에든지 칭찬 받을 만하며 무슨 덕이 있든지 무슨 기림이 있든지 이것들을 생각하라(빌 4:8).

01 | 토마스 모아가 그리워지는 시대

　유토피아의 작가 토마스 모아(Thomas More 1948-1535)는 법률가의 아들로 태어나 옥스퍼드를 나와 변호사가 되었고 하원의원과 외교사절로 활약했다. 핸리 8세의 총애를 받아 나이트 작위를 받았고 51세의 나이에 최고의 지위인 대법관이 되었다. 그러나 그는 왕인 핸리 8세의 잘못을 못 본 채 눈을 돌리지 않았다. 핸리 8세는 왕궁을 50동이나 짓고 왕비를 여섯이나 바꾼 방탕아이었으며, 새 여인과 결혼하기 위하여 왕비를 처형한 간악한 왕이기도 하였다. 캐더린 왕비와 이혼하고 궁녀인 앤 보덴과 결혼하려고 헨리8세는 모아의 도움을 청하였다. 그러나 모아는 이혼을 정당한 것이 아니라고 잘라 말했고 웨스트민스터 사원에서 새 왕비 앤도덴의 제관식 행사에 불참하였다.

　분노한 왕은 그에게 대역죄라는 누명을 씌워 15개월 간 런던탑에 가두었다 사형을 시키고 말았다. 그가 갇혀있을 때 그의 딸이 찾아와 국왕의 뜻을 따르도록 눈물로 애원했지만 그는 양심을 팔고 영혼을 지옥 속에 빠뜨릴 수 없다고 말하며 "너는 능금으로 나를 유혹하는 이브"라고 딸에게 농담까지 했다. 사형 집행을 위해 단두대에 올려 졌을 때 그는 성경 시편 51편의 "하나님이여 나를 긍휼히 여기시고 나의 죄악을 맑게 씻기시며 내 죄를 깨끗이 제하소서..."라고 기도한 후 군중들을 향해 "여러분 나를 위해 기도해 주십시오. 그리고 성스러운 교회의 신앙을 갖고 또 그 신앙을 위해 여기서 사형 당했다는 이 사실의 증인이 되어 주십시오."라고 말한 후 57세라는 아까운 나이로 그가 바라던 "유토피아"로 갔다. 오늘을 사는 우리들은 어쩐지 답답함을 느낀다.

사회의 돌아가는 일들이 모두 사기중심적인 것 같다. 예수님의 말씀처럼 "피리를 불어도 춤추지 않고 애곡을 하여도 울지 아니하는"(눅 7:32) 그러한 세대가 되었다. 그래서 토마스 모아가 더욱 그리운지 모르겠다.

 예화와 관련된 말씀

> 그들의 마침은 멸망이요 그들의 신은 배요 그 영광은 그들의 부끄러움에 있고 땅의 일을 생각하는 자라 그러나 우리의 시민권은 하늘에 있는지라 거기로부터 구원하는 자 곧 주 예수 그리스도를 기다리노니 그는 만물을 자기에게 복종하게 하실 수 있는 자의 역사로 우리의 낮은 몸을 자기 영광의 몸의 형체와 같이 변하게 하시리라(빌 3:19~21).

02 | 저 사공을 믿으라

어떤 사람이 그의 동생과 함께 캐나다 국경의 장엄한 나이아가라 폭포 밑을 흐르는 위험스러운 급류를 향해 배를 타고 건너가고 있었다. 물결이 너무나도 보트를 흔들었기 때문에 그의 동생은 잔뜩 겁이 났다. 그것을 바라본 형은 배의 노를 젓고 있는 사공에게 다음과 같이 물었다.

"지금까지 당신은 얼마나 자주 이곳을 횡단하였습니까?"

"지금까지 12년 동안 줄곧 이 일을 했지요."라고 대답을 하였다.

"그럼 한 번이라도 사고가 난적이 있었습니까?"

"단 한 번도 없었습니다."

"그렇다면 배가 뒤집혔다거나 인명의 피해가 난 적이 전혀 없었단 말입니까?"

"선생님, 그런 일은 한 번도 생기지 않았습니다."

그는 강조하여 대답을 하였다. 그러자 그 사람은 무서워하고 있는 동생을 보고 말하기를 "저 사공의 말하는 것을 들었지? 네가 저 사공보다 노를 더 잘 저을 수 없다면 나처럼 조용히 앉아서 저 사공을 믿고 이 여행을 즐겨라."라고 지혜롭게 안심을 시켜 주었다.

신앙생활을 할 때에도 이런 지혜가 필요하다. 때로는 영적으로 어려움을 겪고 있는 신자들이 의심과 불안의 파도 속에서 흔들릴 때가 있다.

이때 우리는 어떻게 해야만 되는가? 나이아가라 파도 속에서 배를 타고 가는 동생처럼 염려하거나 또는 내가 대신 배의 노를 저어야 하는가? 아니다. 내가 노를 젓는다 해도 사공보다는 더 잘 저을 수 없다. 그러면 어떻게 해야 하는가? 성경은 우리에게 이렇게 말씀하고 있다. "네 모든 염려를 주께 맡겨 버리라 이는 저가 너희를 권고하심이니라"(벧전 5:7)

 예화와 관련된 말씀

수고하고 무거운 짐 진 자들아 다 내게로 오라 내가 너희를 쉬게 하리라(마 11:28).

오직 믿음으로 구하고 조금도 의심하지 말라 의심하는 자는 마치 바람에 밀려 요동하는 바다 물결 같으니(약 1:6).

03 초지일관

중국 사람을 흔히 양파에 비유한다. 벗겨도 벗겨도 그 속이 들어 나지 않는 것이 꼭 중국 사람의 마음 같기 때문이다.

아직도 처음 중국에 갔을 때 일을 잊지 못한다. 황제의 여름 별장인 이화원을 보러갔다. 가는 길에 나를 안내한 선교사는 침이 마르도록 그 웅장함과 화려함을 자랑했다. 방금 자금성을 본 후라 커봐야 하는 반신반의한 마음으로 이화원에 도착했다.

참 실망스러웠다. 내심 이런 곳이 뭐 그리 좋다고 그토록 야단인가?

적잖은 실망감을 감출 수가 없었다. 입구는 참 초라했다. 표를 주고 들어가 봐도 시골에 있는 절간정도?

그러나 연신 설명을 하는 선교사의 표정은 자신감에 가득 차 있었다. 절간에 대웅전 같은 건물을 돌아 들어가는데 이게 웬 일인가? 바다 같은 호수가 나타났다. 엄청난 산 위에 건물들, 4km 되는 황제의 산책로. 도무지 입을 다물 수가 없었다. 호수가 얼마나 큰지 바다처럼 파도가 치는데 이것이 호수일까?

그것도 인공호라고 한다. 황제의 궁이 세워진 산은 호수를 만들기 위해 파낸 흙으로 만든 인공 산이라고 한다. 웅장함과 그 아름다움은 선교사의 설명 그 이상이었다.

지금은 중국을 여행하는 사람들에게 꼭 이화원을 가보라고 추천하곤 한다.

겉보기는 보잘 것 없어 보여도 들어 가보면 엄청난, 이화원처럼 중국 사람들의 속이 아닌가 하는 생각을 하게 되었다. 우리는 너무 급하다 너무 얕다 그래서 너무 쉽게 속을 들어 내고 만다. 특별히 요즘처럼, 어려울 때 차분하고 진지하면 어떨까? 신앙생활도 그렇다. 단거리 경주가 아니라 장거리 경주이다. 출발을 좀 잘했다고 한 바퀴 돌아서 일등 했다고 그 사람이 일등 되라는 보장이 없다.

끝이 중요하다. 비록 시작은 미약해도 끝이 창대한 것이 우리 기독교이다. 신앙은 그 열매를 결정하는 것이다. 신앙도 마찬가지이다 좀 무던하게 초지일관하는 신앙이 아름답다.

예화와 관련된 말씀

> 네 시작은 미약하였으나 네 나중은 심히 창대하리라(욥 8:7).

04 | 믿을 수 없는 세 가지 의문

임마누엘 칸트는 "인생이 80년을 산다 해도 10년밖에는 참된 시간이 없는데 10년 동안 사람의 할 일을 다 할 수 없으므로 내세가 있다."라고 했고, 빅토르 위고는 "나는 40년간 시와 산문, 소설극과 풍자 가운데 나의 사상을 담았다. 그러나 나는 내 사상의 100분의 1도 말하지 못했다. 나는 나의 지상에서의 마지막 날이 찾아올 때 병상에서 잠이 든다고 하면, 그 다음날 아침 천국에서 잠이 깰 때에는 평시와 같이 나의 일을 계속하고자 한다."라고 했다.

일본의 유명한 유물론자 다카다 모도는 "오늘 일본 청년들에게 칼 마르크스의 유물론과 유물사관밖에는 읽으라고 권할 책이 없다!"라고 했으나 후에 폐결핵으로 임종을 맞을 때 주위 학자들이 "당신은 어디로 가는가?"라고 물을 때 "나는 하나님께로 간다. 나는 과거 불신앙을 깨끗이 청산하고 부끄러움 없이 하나님께로 간다."라고 고백했다.

예일대학 총장 찰스 브라운 박사는 "나에게 믿을 수 없는 일이 세 가지 있소. 첫째는 이 세계를 지으신 하나님께서 이 세계를 등지고 돌아보지 아니하신다고 하는 일이 있을 수 있겠는가? 둘째는 인류를 지으신 하나님께서 인류를 죽음 가운데 버려두고 돌아보지 않으시는 일이 있을 수 있는가? 셋째는 사람의 마음속에 영원에 대한 희망을 심어주신 하나님께서 그 희망을 실현함에 있어 도움을 주시지 않는다고 하는 일이 있을 수 있겠는가?"라고 했다.

이렇게 신령한 의문이 끊이지 않는 것은 인생에게 영원을 사모하는 마음을 주셨기 때문이 아니고 무엇이겠는가?

 예화와 관련된 말씀

여호와여 주께서 심판하시는 길에서 우리가 주를 기다렸사오며 주의 이름을 위하여 또 주를 기억하려고 우리 영혼이 사모하나이다(사 26:8).

05 | 악에서 핀 신앙의 싹

　일본에 가가와 도요히꼬라는 유명한 성자가 있다. 그는 창녀들에게 전도를 하고 빈민굴에서 살았다. 하루는 그의 친구가 그를 찾아가 보니까 너무도 형편이 없었다. 일을 할 수가 없을 정도였다. 주정뱅이가 와서 돈을 내라고 강요를 하면 순순히 그는 돈을 준다. 다음에 그 친구가 다시 방문했는데 그 주정뱅이는 길바닥에서 술을 마시고 도박을 하고 있었다. "여보게, 자네가 그 주정뱅이에게 준 돈으로 주정뱅이는 술을 먹고 도박을 하고 온갖 못된 짓을 하는데 그것을 알면서도 돈을 주는가?"

　"물론 알고 있네." "이것이 처음인가?"

　"아니 몇 십 번 주었지." "그렇다면 그런 짓을 하는 것은 악을 조장하는 것이 아닌가?"

　그러자 가가와 도요히꼬가 이런 대답을 했다.

　"좀 더 참아 보세."

　그 다음 저녁 예배를 드릴 때 보니까 전부 창녀들이다. 그 창녀들은 예배를 보다가도 주정뱅이가 와서 "너를 찾았는데 여기에 있었구나. 같이 가자."고 하면 예배를 드리다가도 나간다. 그리고 어떤 사람은 와서 잔뜩 토해서 냄새가 난다.

"이런 것이 예배이고 선교냐? 이런 상황 속에서 전도하느냐? 뭔가 네가 잘못되었고 위선자가 아니냐? 악을 조장하는 것이 아니냐? 이것을 선교라고 할 수 있느냐?"

하지만 가가와 도요히꼬는 말했다.

"자네는 알지 못하네. 저들이 나를 열 번 속여먹고 혹시 내가 저들의 칼에 맞아 죽는다고 생각해 보세. 그 이후에도 사랑은 끝까지 관통해 버리는 것이 아닌가? 예수님은 악에 의해 심장에 상처가 나고 찔려 죽은 것이 아닌가? 그렇지만 그 이후에 사람들 속에 작은 사랑의 씨앗이 자라난 것이 아닌가."

그 친구는 그의 이야기를 도저히 이해할 수 없었다. 그러나 가가와 도요히꼬가 죽은 후 그가 지나갔던 곳에는 신앙의 싹들이 태어나고 크리스천들이 이름 모르게 생겨났다.

예화와 관련된 말씀

> 내 영혼아 네가 어찌하여 낙심하며 어찌하여 내 속에서 불안해 하는가 너는 하나님께 소망을 두라 나는 그가 나타나 도우심으로 말미암아 내 하나님을 여전히 찬송하리로다(시 42:11).

06 | 경건의 연습

막스 비어의 소설 「행복한 위선자」는 비양심적인 악인 로드 죠오지 헬에 관한 이야기이다. 그는 마음뿐 아니라 행동에도 야비함이 그대로 드러났다. 그의 얼굴만 보아도 사람들은 두려워했다.

어느 날 그는 아름답고 순결한 미어리라는 소녀를 사랑하게 되었다. 그러나 그 소녀는 "얼굴이 저렇게 무섭게 생긴 사람의 아내가 될 수는 없어." 하고 그를 거절했다.

로드 죠오지 헬은 그녀와 결혼하고 싶어 고심한 끝에 세상에서 가장 거룩하고 인자하게 보이는 가면을 쓰고 미어리에게 청혼했다. 그녀와 결혼하게 된 그는 날마다 그의 위선을 감추고 참을성 있게 너그럽게 보이려고 힘썼다. 좋은 사람 같이 보이려고 끊임없이 그의 나쁜 성질을 억눌렀다. 어느 날 옛 친구가 사랑하는 아내 앞에서 로드 헬의 가면을 무자비하게 벗겨 버렸다.

그런데 이상한 것은 가면이 벗겨 졌을 때 거기에는 거룩한 얼굴 모습이 나타난 것이다.

이 얘기는 소설이지만 우리에게 좋은 교훈을 준다. 사람은 날마다 노력했던 만큼의 선한 모습을 갖게 된다는 것이다.

사실 우리는 모든 것이 부족하다. 인격이란 하루아침에 이루어지는 것이 아니다. 그러므로 경건에 이르는 연습이 필요한 것이다.

 예화와 관련된 말씀

육체의 연습은 약간의 유익이 있으나 경건은 범사에 유익하여 금생과 내생에 약속이 있느니라(딤전 4:7,8).

망령되고 허탄한 신화를 버리고 경건에 이르도록 네 자신을 연단하라(딤전 4:7).

07 | 무엇으로 채워져 있는가?

주후 4세기경 교계의 큰 지도자였던 어거스틴이 하루는 꿈을 꾸었다. 꿈의 내용은 이렇다. 어거스틴이 죽어서 천국의 문 앞에 도착해 있었는데, 천국의 문지기가 어거스틴에게 이렇게 물었다.

"당신은 누구요?"

"나는 진실한 크리스천 어거스틴입니다." 라고 대답했다.

그러자 천국 문지기가 단호하게 말했다.

"당신은 크리스천이 아닙니다. 왜냐하면 당신의 머리와 생각에는 예수 그리스도의 말씀으로 가득 차 있는 것이 아니라 철학자 키케로의 사상과 생각으로 가득 차 있기 때문입니다. 우리는 그 사람의 머리 속에 들어 있는 것과 생각으로 그가 누구인지를 판단을 하지요. 그래서 당신은 크리스천이 아닙니다."

소스라치게 놀란 어거스틴이 꿈에서 깨어났다.

그리고 그는 결심하였다.

"진짜 크리스천답게 살아야 한다. 크리스천답게 하나님의 말씀으로 채워지는 삶을 살리라."

그렇다면 여러분의 삶 속에는 무엇으로 채워져 있는가? 무슨 생각으로 채워져 있는가?

 예화와 관련된 말씀

마음이 부패하여지고 진리를 잃어 버려 경건을 이익의 방도로 생각하는 자들의 다툼이 일어나느니라(딤전 6:5).

너희 마음에 그리스도를 주로 삼아 거룩하게 하고 너희 속에 있는 소망에 관한 이유를 묻는 자에게는 대답할 것을 항상 준비하되 온유와 두려움으로 하고(벧전 3:15).

08 | 의미를 놓친 경건

　어느 목사님의 설교 중에서 들은 경험담이다. 시무했던 어느 교회의 장로님 한 분이 계셨다. 이 장로님은 일 년 365일 동안 하루도 새벽기도회를 빠지는 법이 없었다.
　그런데 한 가지 이상한 특징이 있었다. 새벽기도회에 나오는 길에서 만나는 사람과는 인사도 하지 않고, 인사도 받지 않았다. 인사를 안 하는 이유가 퍽 재미있다.
　'하루를 시작하면서 거룩한 성전에 나아가 하나님께 먼저 인사를 드리기 전에 어떻게 길거리에서 만난 사람들과 인사를 나눌 수 있겠느냐?' 는 것이었다고 한다.
　또 어느 해 갑자기 쏟아지는 폭우로 인하여 교회 인근의 상가가 모두 물에 잠기게 되었다고 한다. 동네 사람들이 교회에 양수기를 좀 빌려달라고 했을 때, 이 장로님은 이를 거절했다.
　거절하는 이유는 '하나님 집에서 사용하는 거룩한 기물을 어떻게 교회 밖에서 사용하도록 할 수 있겠느냐' 는 것이었다고 한다.
예수님도 안식일에 병자를 고치고 이삭을 잘라 먹는 것으로 인해 바리새인들에게 지적을 당했다. 하지만 진정한 사랑이란 이런 율법적인 행위가 아님을 우리는 기억해야 한다.

 예화와 관련된 말씀

그 동안에 무리 수만 명이 모여 서로 밟힐 만큼 되었더니 예수께서 먼저 제자들에게 말씀하여 이르시되 바리새인들의 누룩 곧 외식을 주의하라(눅 12:1).

평생에 자기 옆에 두고 읽어서 그 하나님 여호와 경외하기를 배우며 이 율법의 모든 말과 이 규례를 지켜 행할 것이라(신 17:19).

09 신을 고치는 노인의 하루

안토니오는 자기의 가산을 다 나눠 가난한 사람을 주고 굴속에 들어가 은둔생활로 고생하였다.

하루는 하늘에서 들리는 소리가 들렸다.

"안토니오야, 네가 아무리 경건하게 살고자 하지만 알렉산드리아에서 헌 신을 고치는 노인만 못하다."하는 말이 들리었다.

그래서 안토니오는 곧 알렉산드리아로 가서 신 고치는 노인을 찾았다.

노인은 뜻밖에 성자가 찾아와서 반가이 환영하며 맞았다. 안토니오는 노인에게 "노인은 어떤 방식으로 살아가십니까?"하고 물었다.

노인이 대답하기를 "우리는 생활이 가난하므로 매일 신 고치는 것으로 생활비를 삼고 저녁에는 가정예배를 보고 아이들에게 하나님 공경하는 법을 배워 주는 것으로 살아갑니다라고 하였다.

하나님께서 원하시는 우리 신앙인들의 모습은 세상을 등지고 나혼자 경건하게 사는 것이 아니라, 일상생활 속에서,

나의 가정과 일터에서 하나님을 의지하며 경건하고 거룩하게 사는 것이다.

 예화와 관련된 말씀

오직 너희를 부르신 거룩한 이처럼 너희도 모든 행실에 거룩한 자가 되라(벧전 1:15).

끝으로 형제들아 무엇에든지 참되며 무엇에든지 경건하며 무엇에든지 옳으며 무엇에든지 정결하며 무엇에든지 사랑 받을 만하며 무엇에든지 칭찬 받을 만하며 무슨 덕이 있든지 무슨 기림이 있든지 이것들을 생각하라 너희는 내게 배우고 받고 듣고 본 바를 행하라 그리하면 평강의 하나님이 너희와 함께 계시리라(빌 4:8,9).

10 | 경건시간의 중요성

 중국 선교의 선구자인 허드슨 테일러는 스무 다섯 젊은 나이에 중국 땅을 밟아 평생 동안 중국 선교에 헌신했다.
 그는 사람들로부터 "당신은 어떻게 일생을 선교사로 보낼 수 있었습니까? 그러면서도 행복할 수 있었던 비결은 무엇입니까?"라는 질문을 받을 때마다 다음과 같이 말했다고 한다.
 "나의 헌신과 행복의 비결은 하루를 어떻게 시작하느냐에 달려 있습니다. 연주자는 음악회가 시작되기 전에 악기를 조율합니다. 음악회가 끝난 뒤 조율한다면 어리석은 일이죠? 나는 아침에 일어나면 하나님의 뜻에 나의 생각을 맞추는 일부터 시작합니다. 그러면 인생이 보람되고 행복해지게 마련입니다."
 허드슨 테일러의 말처럼 아침 경건 시간이란 바이올린이 피아노 소리를 듣고 조율하듯, 우리 영혼이 하나님의 음성을 듣고 조율하는 것이다. 우리 영혼을 하나님의 뜻에 조율하는 시간이 아침 경건의 시간이다.
 경건의 시간"은 하나님과 연결되기 위하여 외부의 혼란으로부터 단절되는 시간이다. 우리 모두는 시간을 내어 하나님을 만날 수 있다. 하지만 다들 그렇게 하고 있는가?

로버트 포스터의 소책자 「하나님과의 7분」에서는 이렇게 권하고 있다. "인도를 받기 위한 기도를 짧게 한 후, 성경을 잠시 읽고, 찬양, 고백, 감사, 다른 사람들을 위한 간구 등을 포함하는 기도를 짧게 하고 끝내십시오." 오늘 우리의 생명 되신 주님과 연결되는 시간을 갖는 것이 절대로 필요하다.

예화와 관련된 말씀

내가 나의 침상에서 주를 기억하며 새벽에 주의 말씀을 작은 소리로 읊조릴 때에 하오리니(시 63:6).

내 영광아 깰지어다 비파야, 수금아, 깰지어다 내가 새벽을 깨우리로다(시 57:8).

11 | 신앙부흥의 선행조건

1. 겸손이다.

학생운동의 위대한 지도자 죤 모트는 말하기를 "겸손은 부단히 유지 되어야 한다. 인간의 생명에 대해서는 두 가지 견해가 있다. 하나는 인간의 생명은 자신의 것으로 임의로 취급할 수 있다는 것이고, 다른 하나는 인간의 생명은 타자에 속한 것인데 생명의 소유주는 그리스도 자신이라는 것이다." 따라서 자신들의 생명을 기꺼이 그리스도께 드리고 통회하여 마음과 정신을 낮춤으로 자신들을 우리의 위대하신 하나님의 처분에 맡기는 자들은 마음과 영혼의 소성함을 입게 될 것이다(사 57:15).

2. 기도이다.

쉘든 고든(Sheldon D. Gordon)은 다음과 같이 말했다.

이 세상에서 위대한 사람들은 기도하는 사람들이다. 이 말은 기도에 대해서 '말하는 자'들을 두고 하는 말이 아니다. 자신들이 기도를 믿는다고 말하는 자들을 두고 하는 말도 아니다. 내가 말하고자 하는 자들은 시간을 내서 기도하는 자들이다. 오늘날 바로 이들이 하나님을 위해 최상의 것을 하고 있는 자들이다. 그들은 영혼들을 구하고 문제들을 해결하며 교회를 일깨우고 세상을 좀 더 오래 향기롭게 하는 일에 있어서 최상의 일을 하고 있다. 이러한 기도에 대치될 수 있는 일은 아무것도 없다.

3. 영적인 갈망이다.

우리는 적극적으로 여호와의 얼굴을 구해야 한다. 계속해서 하나님의 임재를 추구하는 자들만이 영적으로 이 세대를 일깨워 분발시키는 그리스도인의 사역자들이 될 것이다.

4. 고백과 회개이다

우리는 오직 죄의 심각성, 사악함과 비열함에 대해 개인적으로 집단적이며 국가적으로 슬퍼 괴로워하게 될 때만이 신앙부흥을 체험하는 자들 될 수 있을 것이다.

— W. C. Kaiser, 「신앙부흥」의 영적 원리들에서

 예화와 관련된 말씀

> 사람이 나를 섬기려면 나를 따르라 나 있는 곳에 나를 섬기는 자도 거기 있으리니 사람이 나를 섬기면 내 아버지께서 그를 귀히 여기시리라(요 12:26).

12 | 세상에서 버린 인간

일본 동경 근처에 자마라는 작은 도시가 있다. 그곳 성결교회에 미하다 요시오라는 분이 있는데, 자마시의 상공회의소 부회장이며 목재상을 경영하고 있다. 이분은 신체적으로 완전치 못하여 딴 회사에서 채용하지 않는 사람들을 여러 명 채용해서 칭송이 높다. 한 번은 그에 관한 얘기가 신문에 났다고 한다.

그러자 편지 한 통이 날아왔다. 내용은 "나는 반평생을 형무소에서 살아온 전과 21범인데 이번에 출소하면 나 같은 사람도 채용해 주겠습니까?"라는 것이었다고 한다. 가족이 모여 상의를 한 후 일단 찾아가 보기로 했다.

먼저 형무소 소장을 만났더니 고개를 옆으로 흔들며 그 자는 나갔다가 사흘이면 또 들어오는 절도 상습범인데 상관하지 않는 것이 좋겠다고 말했다.

그래도 미하다씨는 그 범인을 직접 만나고 출소하면 채용하겠다는 약속을 했다.

출소하는 날 형무소장은 "뜻은 대단히 귀한데 한 가지 부탁은 그 사람이 보이는 데에다 절대로 현금을 두지 말라."고 했다.

그러나 전과 21범은 미하다 씨의 전도로 교회에 나갔는데 세상에서 천시와 학대를 받던 그가 성도들의 사랑에 감동되어 진실한 그리스도인이 되었을 뿐 아니라 미하다씨에게 가장 신임 받는 금전출납 회계가 되었다고 한다.

그리스도는 세상에서 버린 인간을 새롭게 만들어 쓰시는 진리이다.

 예화와 관련된 말씀

누가 누구에게 불만이 있거든 서로 용납하여 피차 용서하되 주께서 너희를 용서하신 것 같이 너희도 그리하고(골 3:13).

13 | 불신자들의 최후

드루드회(Druidical Society)라는 단체는 39명의 회원으로 구성되어 있으며, 이 모임의 목적은 예수 그리스도를 믿는 참된 신앙을 방해하고 조롱하며 모독하는 일이었다.

이 단체가 모여서 아주 극단적으로 신앙을 조롱한 일이 있었는데, 그들은 성경을 불에 태우고 개에게 침례(세례)를 베풀고 개와 함께 앉아서 성찬식을 행하였다.

그런데 바로 그날 저녁에 그 단체의 회장이 이상한 염증에 걸려서 그의 두 눈은 퉁퉁 불어 튀어 나오고 혀가 부풀어 올랐다. 그는 극심한 육체적이고 정신적인 고통으로 밤을 지새우다가 새벽이 되기 전에 죽어 버렸다. 그 뿐만 아니라 또 다른 한 회원이 죽어 있는 것을 이튿날 아침에 발견하게 되었다.

그 후 5년 안에, 남아 있는 34명의 회원들이 모두 다음과 같이 죽었던 것이다.

8명이 총에 맞아 죽었고, 2명은 굶어 죽었고, 7명은 단두대에서 죽었고, 3명이 사고로 죽었고, 1명은 경련을 일으켜 죽었고, 7명이 물에 빠져 익사하였고, 5명이 자살해 죽었고,

한 명은 추위에 얼어 죽었던 것이다.

하나님의 이름을 망령되이 일컫는 자들이 맞은 최후이다.

 예화와 관련된 말씀

너는 네 하나님 여호와의 이름을 망령되이 일컫지 말라 나 여호와는 내 이름을 망령되이 일컫는 자를 죄 없는 줄로 인정하지 아니하리라(신 5:11).

너는 네 하나님 여호와의 이름을 망령되게 부르지 말라 여호와는 그의 이름을 망령되게 부르는 자를 죄 없다 하지 아니하리라(출 20:7).

14 | 승리하는 신앙

리처드 범브란트 목사의 저서 「승리하는 신앙」에 이런 예화가 실려 있다.

한 랍비가 어느 유대인에게 물었다.

"길에서 돈이 많이 들어 있는 지갑을 주웠다면 그대는 어떻게 하겠는가?"

그 유대인은 대답했다.

"솔직하게 말씀 드려서 제게는 아이가 많이 딸려 있고 게다가 몹시 가난합니다. 저는 그 돈을 하나님께서 주신 선물로 알겠습니다."

그러자 랍비는 "그대는 도둑"이라고 말했다.

랍비가 같은 질문을 다른 유대인에게 던지자 그는 이렇게 말했다.

"저는 즉시 지갑 임자를 찾아 돌려주겠습니다."

이 말을 듣고 랍비는 말했다.

"그대는 바보로군."

랍비는 세 번째 유대인에게도 같은 질문을 했다.

그러자 그는 "저는 그 돈을 주인에게 돌려줘야 한다는 것을 잘 알고 있습니다. 그러나 동시에 저는 제 마음이 얼마나 약한지도 잘 알고 있습니다. 그럴 경우 그 지갑을 제가 어떻게 처리할지 제 자신도 잘 모르겠습니다. 모든 것은 하나님의 은총에 달려 있습니다."

랍비는 그를 칭찬했다.

"그대의 대답이 옳도다."

예화와 관련된 말씀

그리스도 예수 안에 있는 속량으로 말미암아 하나님의 은혜로 값 없이 의롭다 하심을 얻은 자 되었느니라(롬 3:24).

그러나 내가 나 된 것은 하나님의 은혜로 된 것이니 내게 주신 그의 은혜가 헛되지 아니하여 내가 모든 사도보다 더 많이 수고하였으나 내가 한 것이 아니요 오직 나와 함께 하신 하나님의 은혜로라(고전 15:10).

15 | 주일성수와 삶

미국의 백인들이 서부를 개척할 때였다. 그때 서부 캘리포니아의 여러 곳에서 엄청난 사금이 채취된다고 하는 소문이 퍼졌다. 이에 동부에 있는 백인들은 너도나도 앞을 다투어서 서부로 이주하기 시작했다. 그 당시에는 길도 좋지 않았다. 또 자동차로 달리는 것도 아니었다. 마차에 짐을 가득 싣고서 가족들을 태우고 말을 매어 달렸다. 몇 달을 가야하는 먼 거리였다. 남들보다 먼저 가야지 좋은 땅을 차지할 수 있다.

그래서 대부분의 사람들은 사금을 캐어 벼락부자가 되겠다는 일념으로 잠시도 쉬지 않고 달리고 또 달렸다. 그 가운데는 신실한 믿음을 가진 그리스도의 사람 한 명이 있었다. 그도 부자가 되겠다는 일념을 가지고 기대 속에 자기 가족들과 함께 마차에 몸을 실었다. 그도 열심히 달렸다. 그러나 그는 가다가 주일이 되면 멈추었다. 그리고는 개울가나 숲속을 찾아가서 그곳에 짐을 다 풀었다. 그런 뒤 그는 가족과 함께 경건한 모습으로 하나님께 예배를 드렸다. 그리고 주일만큼은 말씀 그대로 주 안에서 안식을 취했다. 그의 곁을 지나가는 사람들은 그 모습을 보며 속으로 비웃었다.

"아니, 저 사람 저러다가 언제 서부에 도착하려고 저러나? 미리 도착한 사람들이 사금을 다 캐내 가버리고 말거야!"

남들이야 비웃던지 말든지 그는 상관하지 않았다. 그는 주일이면 꼭 멈추어서 하나님께 예배를 드렸다. 그리고 나서 나머지 엿새 동안은 그도 열심히 달렸다. 그렇게 해서 그와 그의 가족도 무사히 캘리포니아 목적지에 당도했다.

그는 자기들과 함께 출발한 사람들은 이미 다 도착해 있으리라고 생각했다. 그러나 아무리 찾아보아도 함께 출발한 사람들이 눈에 띄지 않았다. 나중에 알고 보니까 그와 그의 가족이 제일 먼저 당도한 것이었다. 정신없이 달리기만 했던 사람들은 중간에서 다 병들어 쓰러지고 말았다. 말도 지쳐서 쓰러졌다. 하나님의 방법이 늦은 것 같아도 종국에 가보면 그 길이 가장 빠른 길임을 체험하게 된다.

예화와 관련된 말씀

> 여호와의 말씀에 내 생각은 너희 생각과 다르며 내 길은 너희 길과 달라서 하늘이 땅보다 높음같이 내 길은 너희 길보다 높으며 내 생각은 너희 생각보다 높으니라(사 55:8,9).

16 | 신앙에 대한 명언

- 신앙의 강제는 불신앙을 일으키게 할 뿐이다.(쇼펜하우어)
- 믿음의 단계들은 겉보기에는 진공상태에 떨어지는 것 같으나, 바닥에는 반석이 있음을 발견하게 된다.(존 휘티어)
- 다만 가능성을 믿는 것은 신앙이 아니다. 그것은 단순한 철학일 뿐이다.(토마스 브라운)
- 나의 온 생애에 걸쳐 연구할 때에, 허다한 난관에 봉착하여도 실망하지 않는 것은, 일종의 신앙의 혜택이다.(아인슈타인)
- 믿음은 공포를 사라지게 한다.(롱펠로우)
- 믿음이란 하나님께 사로잡힌 상상력이다. (유진 피터슨)
- 신앙이 산을 움직일 수 있다면, 불신은 자기 실존을 부인할 수 있다. 신앙은 그런 사람에게는 무력하다.(아나무노)
- 인간은 믿도록 태어났다. 나무가 과일을 맺듯이 인간은 믿음을 맺는다.(에머슨)
- 인간은 빵만으로 살지 않고, 신앙과 찬양과 동정으로 산다.(에머슨)
- 신앙상의 오류는 불신앙의 가장 훌륭한 생각보다 훌륭하다.(러셀)

- 신앙은 이성보다 더 고상한 능력이다.(필립 베일리)
- 신앙은 인생의 힘이다.(톨스토이)
- 신앙이 없는 인간의 생활은 짐승의 생활과도 같다.(톨스토이)
- 만일 제 손으로 만질 수 있는 것만이 존재한다고 생각한다면 그 사람은 아직 무지한 인간이다.(플라톤)
- 믿음이 없는 기도는 열매도 없다.(토마스 왓슨)
- 믿는 것은 믿지 않는 것보다 훨씬 더 간단한 일이다.(조이스 마이어)
- 믿음은 죽어서도 말한다.(하용조)

예화와 관련된 말씀

예수께서 가라사대 내가 곧 생명의 떡이니 내게 오는 자는 결코 주리지 아니할 터이요 나를 믿는 자는 영원히 목마르지 아니하리라(요 6:35).

17 | 나는 하나님을 믿는다

미국 콜로라도 주 덴버 시의 남서쪽에 리틀턴이라는 지역에 있는 콜롬바인 고등학교에서 학생 25명과 용의자 2명이 총기 난사 속에 피투성이가 되어 죽는 사건이 벌어졌다. 그런데 이 비극 가운데 살아남은 여학생이 증언한 놀라운 이야기 하나가 있다. 이 학교의 불량 서클 단원이었던 '트렌치 코트' 마피아단원 둘이 총기를 가지고 들어와서 학생들을 난사하고 있었을 때, 그곳에는 17살 된 캐시 버넬이라는 소녀가 있었다. 총을 들고 있던 학생 하나가 그녀에게 총구를 목에 겨누고서는 이렇게 물었다.

"너는 하나님을 믿냐?" 만약 하나님을 안 믿는다고 했다면 살 수 있었을지도 모르는 그 상황에서 그녀는 똑바로 그를 쳐다보며 대답했다. "나는 하나님을 믿어"(Yes, I believe in God). 그러자 그는 총구를 캐시의 가슴에 겨누고는 마구 총을 쏘았다.

캐시의 이야기가 알려지기 시작하자 미국 크리스천 십대들 사이에서 "Yes, I believe in God"이라고 적힌 티셔츠를 입고 다니는 운동이 일기 시작했고, 플로리다 주의 한 도시에서는 2천 5백 명의 십대들이 모여 감동적인 신앙고백의 집회를 가졌다. 이 집회의 이름 역시 "Yes, I believe in God"이었다. 이 집회는 마약 속에 찌들어 죽어가던 미국 크리스천 십대들을 일깨우는 살아 있는 운동으로 불붙기 시작했다.

오늘 우리는 소위 크리스천이라고 하면서, 장로, 집사, 권사라고 하면서도 빌라도와 조금도 다르지 않은 사람들을 볼 수 있다. 이 시대의 순교자인 캐시는 오늘을 살고 있는 우리가 어떤 선택을 해야 하는지 그 삶과 죽음을 통해서 말해주었다. 하나님을 선택하고 그리스도를 선택하고 성경의 가치관을 선택했다는 사실이 내 출세와 경제적인 이익을 앗아간다 해도 '나는 하나님을 믿는다.'고 세상을 향해 담대히 외칠 수 있는 그리스도인들이 되어야 한다.

예화와 관련된 말씀

나를 믿는 자는 성경에 이름과 같이 그 배에서 생수의 강이 흘러나리라 하시니(요 7:37).

저가 증거하러 왔으니 곧 빛에 대하여 증거하고 모든 사람으로 자기를 인하여 믿게 하려 함이라(요 1:7).

18 | 뚜껑 없는 감옥

스코틀랜드의 에든버러에는 뚜껑 없는 감옥이 있다. 기독교인을 박해했던 영국의 메리 여왕은 젊은 부부와 어린 세 자녀 등 일가족 5명을 뚜껑 없는 감옥에 수감했다.

사방이 140㎝ 정도 높이의 돌담으로 둘러싸여 있으며 지붕이 없다.

메리는 그 가족에게 "주 예수에 대해 믿음을 지키려면 그 안에서 죽으라. 만일 살고 싶거든 신앙을 포기하고 담을 넘어 집으로 가라."고 하였다. 그 가족은 신앙 양심에 따라 죽음을 선택하고 영생의 길을 갔다.

그 후 영국에서는 세계적인 교회 지도자들이 많이 태어났다. 장로교의 아버지라 불리는 존 낙스와 세계적인 전도사 존 웨슬리, 세계 여러 나라에 많은 선교사를 보낸 엘리자베스 여왕이 나온 것은 순교자들의 피의 대가라고 할 수 있다.

구원과 영생, 평화의 복지는 땅에 떨어져 죽은 밀알들로 인해 이루어진다.

한 알의 밀알이 살아 있으면 한 알의 밀알로 있겠지만 썩으면 천 개, 만 개의 밀알로 남는다. 썩는다는 것이 무엇인가? 예수님께서 십자가 죽음이 바로 썩는 것이었다.

이는 바로 자기 희생을 의미하는 것이다. 오늘날 우리 민족과 교회를 위해 죽은 밀알들이 있다.

깨끗한 양심에 거짓 없는 믿음을 가진 그리스도인들이다. 만일 내가 뚜껑 없는 감옥에 들어간다면….

 예화와 관련된 말씀

믿음이 없어 하나님의 약속을 의심치 않고, 믿음에 견고하여져서 하나님께 영광을 돌리며, 약속하신 그것을 또한 능히 이루실 줄을 확신하였으니(롬 4:20,21).

내가 진실로 진실로 너희에게 이르노니 한 알의 밀이 땅에 떨어져 죽지 아니하면 한 알 그대로 있고 죽으면 많은 열매를 맺느니라(요 12:24).

19 | 영국이 위대해진 비결

영국이 위대해진 것은 영국 역사상 성경이 하나님의 말씀임을 국가적으로 인정했을 때에 이뤄졌다.

첫째, 성경의 일부를 번역한 알프레드(Alfred) 대왕 통치기간 영국은 미개와 분열과 무지에서 통일된 나라요 문명국으로 발돋움했다.

둘째, 성경 반포를 공식적으로 증진시킨 엘리자베스 여왕 1세 통치기간 영국은 처음으로 세계 강대국의 반열에 올랐다.

셋째, 빅토리아 여왕 통치기간 영국은 국력이 세계에 편만했고 그의 영토가 세계에 산재하여 그의 나라에서 하루 종일 해가 지지 않는 나라로 영화가 최절정에 올랐었다.

외국 왕들이 찾아와 영국이 그토록 위대해진 비결을 묻자 빅토리아 여왕은 성경을 가리키며 이 하나님의 말씀이 우리 영국을 이토록 위대하게 했다고 서슴없이 말했다.

미국이 최대강국의 영광을 누리는 것은 청교도 신앙의 후예요, 하나님의 말씀이 그 나라 통치의 원칙이 되어 있기 때문이다.

그러기에 미국 국쇄 뒷면에는 "annuit coeptis"라는 표어가 있는데, 이는 "하나님은 우리가 하는 일에 미소 지으셨다."라는 뜻이다.

 예화와 관련된 말씀

> 모든 성경은 하나님의 감동으로 된 것으로 교훈과 책망과 바르게 함과 의로 교육하기에 유익하니(딤후 3:16).

20 | 변화된 삶

"어둠속에서 살아온 젊은 날을 속죄하고 이웃에게 사랑과 복음을 전할 때면 가슴이 벅찹니다."

수원시내 최대 조직폭력단체인 '남문파' 보스였던 허윤석 (옛 이름 허벽)씨가 전도사로 변신, 제2의 인생을 살고 있다. 지난 80년 삼청교육대에 끌려가기도 했던 허씨가 사회의 빛과 소금이 되기 위해 신앙생활을 시작한 것은 1994년 5월이다.

이름 앞에 언제나 붙어 다니는 전과 10범이라는 꼬리를 떼고 허씨가 교회를 찾게 된 데는 3년간 단 하루도 빠짐없이 철야기도를 계속해 주신 어머니의 간절한 사랑이 계기가 됐다.

"저를 위해 기도를 마치고 돌아오시다 교통사고를 당해 산소 호흡기로 연명하시면서도 막 출소한 저의 두 손을 꼭 잡으며 '함께 주님에게 가자'는 마지막 말씀에 통한의 눈물을 흘리지 않을 수 없었습니다."

이후 허씨는 '과거의 허벽이는 죽었다'고 다짐했고, 다시 태어나는 의미로 이름도 바꾸고 수감 중 어머니가 넣어준 성경책과 더불어 참 인생의 길을 걷고 있다. 신앙생활 4년째, 수원제일교회 집사가 된 허씨는 한때 뒷골목에서 자신에게 칼을 들이댔던 폭력배들에게도 사랑을 전하며 새 삶을 인도하여 교회로부터 '전도 1등상'을 받기도 했다.

어거스틴의 어머니 모니카가 아들을 위해 소망을 가지고 약 20년간의 눈물어린 기도를 한끝에 어거스틴이 회심하게 된다. 이 기사의 허윤석씨도 어머니의 3년간의 눈물어린 소망의 기도로 새로운 삶을 시작 할 수 있게 된 것이다. 이것이 소망을 잃지 않고 인내한 자의 열매이다.

 예화와 관련된 말씀

내 영혼아 네가 어찌하여 낙망하며 어찌하여 내속에서 불안하여 하는고 너는 하나님을 바라라 그 얼굴의 도우심을 인하여 내가 오히려 찬송하리로다(시편 42:5).

21 | 어느 목수의 십자가

독실하게 예수를 잘 믿는 어떤 목수가 있었다. 그는 아무리 생각해도 믿음으로만 구원받기에는 무엇인가 미흡하다고 생각하였다. 예수를 그리스도로 믿기는 하지만 기도도 열심히 하고, 전도도 잘하고, 헌금도 많이 해야 구원을 받을 수 있을 것 같았다. 그래서 목사님께 확실한 구원을 받기 위해서는 믿음 그 위에 나의 공로와 선한 행위가 따라야 할 것이 아니냐고 말했다.

목사님께서 에베소서 2장 8~9절 "너희가 그 은혜를 인하여 믿음으로 말미암아 구원을 얻었나니 이것이 너희에게서 난 것이 아니요 하나님의 선물이라 행위에서 난 것이 아니니 이는 누구든지 자랑치 못하게 함이니라" 하신 말씀을 제시하며 설명해 주어도 어쩐지 믿음으로만 구원받기는 미안하다고 말하는 것이었다.

그러던 어느 날이었다. 목사님이 교회 출입문짝을 그 목수에게 맞추었다. 목수는 하나님의 집에서 쓸 성물이라 정성을 다하여 만들었다. 목사님은 문이 다 되었다는 전갈을 받고 목수를 찾아갔다. 완성된 문짝을 한참 바라본 목사님은 목수의 솜씨를 칭찬하더니 문득 생각이 난 듯 문짝 위에다 사과 궤짝을 덧붙여 못을 잘 박아 달라고 말했습니다. 목수는 이상하다는 듯 말했다.

"목사님! 이렇게 잘 만들어 드렸는데 문짝에다 왜 사과 궤짝 나무판을 붙인단 말입니까?"

이때 목사님은 기다렸다는 듯이 대답했다.

"그렇습니다. 하나님께서 우리에게 주신 십자가는 구원을 위한 완전한 걸작품입니다. 거기에 인간이 더하거나 감하여도 안 됩니다. 다만 십자가를 믿으면 인간의 구원은 이루어집니다."

 예화와 관련된 말씀

너희는 그 은혜에 의하여 믿음으로 말미암아 구원을 받았으니 이것은 너희에게서 난 것이 아니요 하나님의 선물이라 행위에서 난 것이 아니니 이는 누구든지 자랑하지 못하게 함이라 우리는 그가 만드신 바라 그리스도 예수 안에서 선한 일을 위하여 지으심을 받은 자니 이 일은 하나님이 전에 예비하사 우리로 그 가운데서 행하게 하심이니라(엡 2:8~10).

22 | 신앙

얼마 전에 세상을 떠난 유명한 프란시스 쉐퍼 박사가 스위스의 라브리에서 세계의 지성들이 모인 가운데 이 시대의 방향과 믿음의 갈 길을 제시하면서 이런 말을 했다.

"19세기에 일어났던 가장 커다란 비극은 사람들이 절대 가치를 버린 것이다."

프란시스 쉐퍼 박사의 표현을 빌리면 "그래서 현대인은 절망의 선 밑으로 떨어졌다."는 것이다. 그것은 절대 가치, 절대 표준을 버렸기 때문이다.

19세기 이전에는 사람들은 절대적으로 옳은 것이 있고 절대적으로 그른 것이 있다고 생각했다. 그리고 그 전제 아래서 옳다, 그르다 하는 논쟁을 벌였다. 그러나 19세기부터 사람들은 절대 가치를 의심하기 시작했다.

예를 들어, 한 남자는 반드시 한 여인과 영원히 함께 살아야 한다는 사실을 19세기 전까지는 누구나 받아들였다. 그것을 깨뜨리는 사람들조차도 일단은 받아들이고 깨뜨렸다. 그러나 19세기에 들어오면서, '이혼이 왜 죄냐'는 의문이 제기되었다. 한 여자가 한 남자와만 살아야 할 이유가 도대체 어디에 있냐고 따지고 들게 되면서 절대 표준과 절대 가치가 흔들리기 시작했다. 현대의 도덕적인 혼란과 문제는 그때부터 시작된 것이다.

옛날에는 썩 내키지 않아도 절대적으로 요구되는 것을 받아들이면서 살았다. 그러나 현대인들은 "그것을 받아들여야 할 이유가 무엇이냐? 내가 싫은데"라고 말한다. 그리하여 "우상에게 절할 수 없다"는 절대 가치에 대해 현대인들은 "그것이 왜 우상이냐?"고 따지며 절대 가치를 무시해 버린다.

그러나 옛날 히브리의 세 청년은 우상숭배 문제에 대해서는 토의할 가치조차도 없다고 선언했던 것이다. 오늘날 우리에게도 이러한 타협하지 않는 절대적 신앙이 필요하다.

 예화와 관련된 말씀

> 끝으로 형제들아 무엇에든지 참되며 무엇에든지 경건하며 무엇에든지 옳으며 무엇에든지 정결하며 무엇에든지 사랑 받을 만하며 무엇에든지 칭찬 받을 만하며 무슨 덕이 있든지 무슨 기림이 있든지 이것들을 생각하라(빌 4:8).

23 | 감격의 신앙

　로스앤젤레스에서 토리 목사가 설교를 했다. 설교 중에 얼마 전 신문에 대서특필되었던 미담(美談)을 예화로 들었다. 내용인즉 미시간 호수에서 큰 배가 파선이 되어 많은 사람이 물에 빠졌는데 그 중에 헤엄 잘 치는 한 사람이 혼자서 열일곱 명이나 생명을 구해 주었다는 이야기였다. 그이의 이름을 부르면서 참 이렇게 용감한 것을 우리가 배워야겠다고 말했다.

　설교가 끝나자 그 설교를 듣던 사람 중에 한 사람이 손을 들었다.

　"제가 바로 그 사람이올시다."

　토리 목사는 너무 감사해서 그를 강단 위에 올려 세워놓고 소개하면서 극구 칭찬하고 마지막에 이와 같이 좋은 일을 했는데 무슨 느낀 바가 있느냐고 물었다. 이 사람이 조금 생각하더니 다음과 같이 말했다.

　"뭐 특별히 느낀 바는 없습니다. 그런데 한 가지 이상한 것은 내가 그때 열일곱 사람을 구해주기는 했는데 그 중 한 사람도 나한테 와서 고맙다고 말한 사람은 없습니다."

이것이 보통 인간이다. 하나님의 은혜는 너무 커서 이 은혜를 잊어버리기 쉽고 우리가 어떤 때에 그 은혜를 깨닫는다고 할지라도 곧 잊어버리기 쉽다.

 예화와 관련된 말씀

그 중의 한 사람이 자기가 나은 것을 보고 큰 소리로 하나님께 영광을 돌리며 돌아와 예수의 발 아래에 엎드리어 감사하니 그는 사마리아 사람이라 예수께서 대답하여 이르시되 열 사람이 다 깨끗함을 받지 아니하였느냐 그 아홉은 어디 있느냐 이 이방인 외에는 하나님께 영광을 돌리러 돌아온 자가 없느냐 하시고 그에게 이르시되 일어나 가라 네 믿음이 너를 구원하였느니라 하시더라(눅 17:15~19).

24 | 신앙의 전기

성 어거스틴은 자신도 어쩌지 못하는 습관적인 죄로 괴로웠다. 그래서 그는 선과 악의 이원론을 주장하는 마니교에 꽤 오래 몸담았다가 어떤 진리도 없다는 회의주의에 빠졌다. 그러다가 신플라톤주의를 통해 사멸하지 않는 불멸의 세계를 인정하면서 기독교 진리에 차츰 가까워졌다.

그럴 즈음 광야의 은수자 안토니의 전기를 만났다. 이 책은 성 아타나시우스 작품으로 안토니가 자기 소유를 팔고 최초의 수도원 운동을 창시한 여정을 그린 기독교 전기 문학의 고전이다. 헛된 욕망을 버리고 안토니처럼 살고 싶다는 누를 수 없는 열망이 그를 회심의 자리, 무화과나무 아래로 이끌었다.

나폴레옹은 플루타르크 영웅전을 읽어 영웅이 되었고, 링컨은 미국 초대 대통령 워싱턴의 전기를 읽어 미국 역사상 가장 위대한 대통령이 되었다.

성 어거스틴은 신앙 전기를 읽고 그 자신이 전기가 되었다. 우리는 읽는 대로 만들어진다. 읽은 것이 우리를 창조한다. 신앙 위인의 전기를 읽어 우리도 하나님의 사람이 되어

가자.

신앙 위인 전기는 그리스도인의 삶에 있어서 하나의 보물창고와 가고, 광맥과 같다. 이는 신앙 위인 전기 속에는 우리 믿음의 선배들의 풍부한 신앙 유산이 보화처럼 간직되어 있기 때문이다.

 예화와 관련된 말씀

너는 그리스도 예수 안에 있는 믿음과 사랑으로써 내게 들은 바 바른 말을 본받아 지키고(딤후 1:13).

(이런 사람은 세상이 감당하지 못하느니라) 그들이 광야와 산과 동굴과 토굴에 유리하였느니라 이 사람들은 다 믿음으로 말미암아 증거를 받았으나 약속된 것을 받지 못하였으니 이는 하나님이 우리를 위하여 더 좋은 것을 예비하셨은즉 우리가 아니면 그들로 온전함을 이루지 못하게 하려 하심이라(히 11:38~40).

25 │ 참 그리스도인의 삶

링컨이 대통령 후보로 전국을 누비며 선거 유세를 하고 있을 때의 일이다.

한 소녀가 어머니와 산책을 하다 연설하고 있는 링컨 후보를 봤다. 엄마가 노예 해방을 외치는 훌륭한 대통령 후보라고 말하자, 소녀는 링컨이 큰일을 하기에는 너무 말랐다는 생각이 들어 링컨 후보에게 편지를 썼다.

"링컨 선생님, 선생님의 얼굴은 무척 말라 보여요. 턱수염을 기르시는 게 어떨까요?"

링컨은 이 편지에 짤막한 감사의 답장을 잊지 않았고, 그가 당선되어 워싱턴에 연설을 하러 갔다.

기차역에 내려서 인사하는데, 그 작은 소녀가 손을 내밀며 "축하합니다. 링컨 선생님" 하자 링컨은 "고마워요. 모두 아가씨 덕분이야" 하고 뽀뽀를 해 주었다.

수염 때문에 따가웠지만 소녀는 기뻤다. 그 수염은 '국민의, 국민에 의한, 국민을 위한 정부'를 외치는 자유의 인간 링컨의 상징이 되었다.

또 한 통의 편지는 링컨이 남북 전쟁 때 한 전투를 마치고 장군에게 총공격을 명령할 때 씌였다.

"미드 장군, 이 작전이 성공한다면 그것은 모두 당신의 공이오. 실패의 모든 책임은 내가 지겠소. 만약 작전이 실패하면 장군은 링컨의 명령이었다고 말하시오. 그리고 이 편지를 공개하시오."

크고 작은 사람들의 말을 귀담아 듣고 소중히 여긴 링컨 대통령은 사후에 더욱 많은 존경을 받았다. 지도력이 있는 지도자는 사람을 소중히 여길 줄 안다. 그래서 자신의 영광을 드러내기보다는 다른 사람들의 능력을 부각시켜 주니 사기를 북돋워 주며 신뢰하며 일을 맡긴다.

당신은 함께 일하는 동료들을 얼마나 신뢰하고 있는가?

 예화와 관련된 말씀

> 그러므로 너희가 더욱 힘써 너희 믿음에 덕을, 덕에 지식을, 지식에 절제를, 절제에 인내를, 인내에 경건을, 경건에 형제 우애를, 형제 우애에 사랑을 더하라(벧후 1:5~7).